P. V. DELAPORTE, S. J.

DE LA

RIME FRANÇAISE

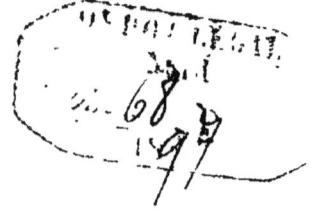

SES ORIGINES. — SON HISTOIRE. — SA
NATURE. — SES LOIS. — SES CAPRICES.

Société de Saint-Augustin,

DESCLÉE, DE BROUWER ET Cie,

1898.

DE LA RIME FRANÇAISE.

DE LA RIME FRANÇAISE.

P. V. DELAPORTE, S. J.

DE LA

RIME FRANÇAISE

SES ORIGINES. — SON HISTOIRE. — SA
NATURE. — SES LOIS. — SES CAPRICES.

Société de Saint-Augustin,

DESCLÉE, DE BROUWER ET Cie,

1898.

DU MÊME AUTEUR

V. Retaux, 82, rue Bonaparte, PARIS.
Société de Saint-Augustin, 30, rue St-Sulpice.

Récits et Légendes, 1re et 2e séries. 2 volumes, 9e édition, chaque volume ... ... Prix : fr. 3-00

Merveilleux (du) dans la littérature française sous le règne de Louis XIV, thèse de doctorat, gr. in-8°. Prix : fr. 7-50

Historia (de) Galliæ publica, privata, litteraria, regnante Ludovico XIV, latinis versibus a Jesuitis Gallis scripta. Thesis facultati litt. Paris. proposita. 1 vol. in-8°.. ... Prix : fr. 5-00

Œuvres choisies du R. P. J.-B. FOUGERAY (*Poésie et prose*) recueillies par le P. V. DELAPORTE, in-8°. (*Épuisé.*)

L'Apothéose de Renan, in-18 jésus.. ... ... Prix : fr. 0-50

La société de Marie-Réparatrice.. ... ... » » 2-00

Les classiques païens et chrétiens.. ... ... » » 2-00

L'Art poétique de Boileau, commenté par Boileau et par ses contemporains. 3 beaux volumes in-8° ... ... Prix : fr. 12-00

Loc'h Maria, drame, en trois actes, en vers, 4e édition, in-18 jésus. ... ... Prix : fr. 1-50

Une page d'histoire de France, un acte, en vers, 4e édition, in-12. ... ... Prix : fr. 1-00

Le Baptistère de la France, un acte, en vers, 2e édition.
Prix : fr. 1-00

Louis de Gonzague, un acte en vers ; 2e édition.
Prix : fr. 0-25

La Revanche de Jeanne d'Arc, drame en quatre actes, en vers, 4e édition, in-12 ... ... Prix : fr. 1-50

Les trente sous de Vincent de Paul, idylle. Prix : fr. 1-00

Drames français. Un beau volume in-8°. ... Prix : fr. 4-00

Saint Louis, 1242, drame en cinq actes, en vers. Prix : fr. 2-00

Louis XVII, trois tableaux, en vers, 2e édition. Prix : fr. 0-30

Tolbiac, drame en quatre actes, en vers, 2e édition... fr. 1-00

Saint Nicolas, mystère, un acte, en vers.. ... Prix : fr. 0-50

Études et causeries littéraires (*sous presse*).

Drames et mystères : Un proverbe, une légende, une vocation, un martyre (*sous presse*).

CES recherches historiques, littéraires et autres, sur la Rime, ont d'abord paru dans les *Études* (1).

Des lecteurs de bon conseil, ou de bonne amitié, m'ont engagé à réunir mes articles en volume ; il est rare qu'un auteur résiste à ces invitations-là : j'y cède. Et cela d'autant plus aisément, que je crois avoir semé, au long de ces chapitres, un certain nombre d'idées, et groupé un certain nombre de faits, qui ne courent point les rues, ni les manuels de littérature.

Les manuels, les prosodies, les poétiques, enseignent aux apprentis poètes où, quand et comment il faut mettre des rimes, selon l'usage reçu, ou selon la formule de tel poème : un peu comme les arithmétiques élémentaires révèlent aux petits écoliers les menus secrets, pour faire une soustraction, pour résoudre une règle de trois, ou (comble de l'art !) pour extraire une racine carrée. On réserve le *pourquoi* aux initiés, aux habiles, aux chercheurs d'au delà. Il y a aussi des pourquoi de la rime. Et rarement on s'en occupe ; quelques artistes les devinent ; peu de gens s'en doutent. Aux vrais poètes, on n'apprend point leur métier, avec ses jeux savants, profonds, délicats : pas plus qu'on n'apprend aux rossignols à chanter juste ni aux ânes à braire en mesure. Mon but n'est point d'inviter mes semblables à rimer. Il y a beaucoup trop de doigts qui usent les feuillets du dictionnaire des rimes, comme il y en a beaucoup trop qui taquinent l'ivoire des pianos. Si, par hasard, je déterminais à rimer un seul honnête homme qui ne rime pas, j'en serais marri et je ne m'en consolerais point. Il faut y être né, y être entraîné comme malgré soi : autrement, mieux vaut casser des cailloux sur les routes ; c'est plus utile, beaucoup plus moral et plus lucratif.

J'écris pour ceux qui veulent savoir ce que c'est *au fond* que la rime ; pourquoi avec des rimes on produit telle et telle musique littéraire ; quelle raison a guidé nos grands artistes dans l'emploi, le choix, l'agencement des rimes ; où, quand et comment a-t-on trouvé, noté, fixé les jeux variés de cet instrument de la poésie et de la pensée ; quels rapports ils peuvent avoir avec les émotions, tristes, graves ou joyeuses de l'âme.

Nous voilà tout à l'heure au crépuscule d'un siècle

---

1. En 1896 et 1897.

où l'on a versifié avec frénésie, par torrents, par avalanches. A aucune époque de notre histoire,

On ne fit tant de vers, ni si beaux, ni si drôles ;

jamais on n'a remué tant de rimes folles ou superbes. Mais à force de jouer de cet instrument sonore et d'en secouer toutes les cordes, on l'a faussé, détraqué, presque usé. Si bien que, dans les petites chapelles, ou petites maisons du Parnasse, on ne sait quasi plus y toucher sans produire une cacophonie à faire hurler les chiens qui passent. On y râcle lamentablement des guitares lamentables. Pour avoir trop rimé, on ne rime plus du tout, ou à peine, ou si mal ! Le plus fâcheux désarroi règne dans ces républiques en miniature, où il ne reste debout qu'un seul principe — si tant est que ce soit un principe — le mépris enfantin du passé, des traditions, des maîtres qui ont rimé royalement ou avec une très fière *aurea mediocritas*.

Il est bon de rappeler, avant que le glas du XIXe siècle ne sonne, qu'il y a eu, même en littérature, un passé, des traditions, des hommes, des chefs-d'œuvre. On a rimé avant nous des poèmes qui dureront après nous. Ces poèmes sont des modèles et sont devenus des codes. Tant pis pour les maraudeurs dédaigneux, qui vont chercher le génie dans le Sahara ou les steppes de leurs rêves ; tant pis pour les pauvres musiciens de syllabes, qui n'ont point les oreilles façonnées comme ceux d'autrefois et d'hier, et qui déchirent les nôtres, sous prétexte d'inaugurer l'art de demain.

Sur ce, ami Lecteur, je vous prie, selon le souhait ingénieux du bon S. François de Sales, de me lire pour votre satisfaction et pour la mienne ; et je conjure chacun de vous,

Si le ciel, en naissant, ne l'a formé poète,

de ne jamais rimer, une seule fois, en toute sa vie.

Je serais, ami Lecteur, très affligé qu'on dît de vous : « Il se tue à rimer !... »

Paris, 1er novembre 1897.

DE LA RIME FRANÇAISE

CHAPITRE I.

La rime et les gens de lettres, philosophes, érudits, poètes. — Auteurs à consulter.

A rime n'est pas tout à fait ce qu'un vain peuple pense. Par vain peuple, j'entends beaucoup de monde ; y compris les honnêtes gens qui assemblent des rimes, et presque tous les braves gens qui publient des traités de littérature.

On estime trop la rime, ou bien on ne l'estime pas assez. Ce n'est point « toute la poésie », comme le voulait feu M. de Banville, et comme le veulent les jeunes qui jurent par cet Apollon des *Odes funambulesques ;* c'est autre chose qu'une esclave, comme l'appelait Despréaux ; c'est beaucoup plus qu'un coup de clochette pour avertir que le vers est fini, comme le croient les écoliers ; beaucoup plus qu'un simple ornement, un colifichet qui sonne, ainsi que le pensait M. de Voltaire, l'un des plus riches poètes et le plus indigent des rimeurs. Enfin, ce n'est pas — est-il besoin de le dire ? — un banal article de commerce, ainsi que peuvent se l'imaginer les successeurs du bon Richelet, et les modestes Pindares qui, chaque matin, jouent de leur pauvre tétracorde pour célébrer le Savon du Congo.

Hégel, Allemand très profond, comme chacun sait, pour qui le Moi et le Non-Moi font un, a écrit, en l'honneur de la rime, puissant instrument de la pensée, de très longues pages, éclairées de ce demi-jour où se meuvent certains génies profonds d'Outre-Rhin. Selon Hégel, la rime n'est pas non plus ce qu'un vain peuple pense ; et par vain peuple, Hégel entend tout le monde. La rime, suivant l'opinion d'Hégel, donne à la poésie un caractère spiritualiste, qui manque aux vers rythmiques ; par cette raison que, grâce au retour des sons semblables, « le Moi prend conscience de lui-même, se reconnaît et se satisfait dans un reflet de sa propre activité ([1]) ».

Vous en étiez-vous douté ? Ou, plus simplement, avez-vous compris ? A en croire Hégel, les rythmes grecs et latins sont plus matériels ; les vers rimés, plus spirituels. Vous lisez et imitez Homère, Horace, Virgile ; vous courez grand risque de vous enfoncer, sans le savoir, dans la matière et de vous embourber l'esprit dans les spondées, les dactyles, les ïambes. Mais lisez et imitez Hugo, par exemple, ou Verlaine, ou n'importe qui, pourvu qu'il rime ; aussitôt vous vous spiritualisez ; votre Moi prend conscience de lui-même et il se satisfait dans un reflet de sa propre activité. Ce sont des mystères où, nous autres, nous avons de la peine à entrer : mais c'est notre faute évidemment. Esprits lé-

---

1. *Poétique*, trad. de Ch. Bénard, liv. I, ch. 11, p. 101.

gers que nous sommes, nous avions toujours cru que la raison avait à se méfier de la rime. Le doux Fénelon l'a dit en prose énergique : et un tout petit rimeur de ce siècle-là, où les poètes même avaient du bon sens, s'amusait à le dire en tout petits vers joliment rimés, qui ressemblent au *Pas d'armes* des *Odes et Ballades* :

> La Raison
> Enchaînée
> Et traînée
> En prison,
> Est le crime
> De la Rime (¹)...

Hégel hausse les épaules et répond : La rime affirme la pensée, accentue la pensée, satisfait la pensée et force le Moi pensant d'avoir conscience de lui-même ; la versification ancienne est *plastique* et matérielle ; la rime dégage la pensée et l'affranchit : « Le besoin de l'âme de se saisir elle-même se manifeste et se satisfait plus pleinement dans la répétition uniforme de la rime (²). » Je me demande alors pourquoi les philosophes allemands, Hégel en tête, ne traduisent pas en rimes leurs graves théories ; notre Moi pensant pénétrerait plus avant dans le leur ; peut-être y verrions-nous plus clair, et eux aussi.

Hégel et les romantiques ont exagéré le rôle de la rime ; les faux classiques du dix-huitième siècle l'avaient méconnu. Tâchons de rester au

---

1. Bellocq, d'abord ennemi, puis ami de Boileau, *Nouveau choix de poésies*, 1715 ; t. II, p. 175.
2. *Loc. cit.*, p. 92.

juste milieu, dans le vrai et la lumière. De la rime, on ne saurait affirmer ce que le vieil Ésope disait de la langue : que c'est la meilleure chose et la pire. C'est chose bonne ou mauvaise, chose belle ou vilaine, chose sage ou folle, selon l'usage qu'on en fait et l'artiste qui s'en sert ; tant vaut le poète, tant vaut la rime ; qu'elle soit très riche, ou de médiocre aisance : ainsi en était-il de la cithare dont jouait l'aède, de la vielle que maniait le trouvère, de la clarinette où souffle l'aveugle, au coin du Pont-des-Arts.

Pauvre et noble rime ! de combien de sottises on t'a rendue complice ; et combien de chefs-d'œuvre vivront, grâce à toi ! On t'a fait coopérer à la *Henriade*, et à bien pis encore ; mais sans toi, nous n'aurions ni *Polyeucte*, ni *Athalie*, ni les *Fables* du Bonhomme. Certes, souvent, les rimes qui sonnent au bout des discours que tiennent le loup, le renard, le lièvre, le roseau et le paysan du Danube, ne sont que de cuivre ; mais que de montagnes de rimes d'or ne pèsent pas un fétu !

> Despréaux et Molière ont chichement rimé ;
> La Fontaine à ce jeu s'est très mal escrimé ;
> En dépit de leur âge et de nos découvertes,
> On les relit pourtant [1].

Un grand poète est un homme qui pense bien et qui rime juste ; chez qui la rime et la pensée vont de pair, en se prêtant secours et force. Mais être un *rimeur* tout court, ce n'est

---

1. L. Veuillot, *Satires;* Rime riche.

pas un titre ; c'est à peine une fonction dans la république des lettres. Appeler quelqu'un rimeur, cela équivaut à dire qu'il est, dans ce pays-là, le dernier des hommes ; qu'il vient immédiatement au-dessous ou à côté de l'individu qui cheville. Au surplus, l'infortuné qui rime très mal, cheville ordinairement très bien.

On a écrit sur la rime, ses règles, ses catégories, ses combinaisons, bon nombre de chapitres fort détaillés et non moins inutiles aux poètes : ce n'est pas dans les traités que les habiles en « l'art de la rime » apprennent leur métier. Les auteurs de *Prosodie française*, de *Versification française*, d'*Art poétique français* et de *Dictionnaire des rimes* s'étendent sur les noms, les formes, les jeux de la rime ; un peu comme les auteurs de philosophie élémentaire s'allongent sur les règles du syllogisme ; ou les auteurs de rhétorique, sur les figures de mots, synecdoche, métonymie, hypallage et catachrèse. Les Quicherat, les Grammont, les Becq de Fouquières (pour ne parler que des plus experts et des plus connus), ont écrit méthodiquement de la rime, comme de la césure, de l'enjambement, de l'hiatus et des autres petits secrets de la poésie. L'étude la plus complète sur la rime française est l'œuvre d'un jeune prêtre d'Anjou, M. Bellanger ; thèse de doctorat, qui valut le bonnet de docteur et les éloges de la Sorbonne au docte et pieux abbé, que la mort frappa au début de sa brillante carrière (¹). — L'une des plus récentes et des plus curieuses études sur la même matière est celle de M. Clair Tisseur, en ses *Modestes observations*, ouvrage d'allure singulière, mais bourré de science.

J'allais oublier Tobler. Ne pas citer Tobler, professeur de l'Université de Berlin, quand on parle du vers français et de ses éléments essentiels, c'est hasarder son crédit et se faire passer pour homme de peu auprès de nos compatriotes lettrés, frottés d'allemand. Tobler, qui a feuilleté, avec la loupe d'Outre-Rhin, nos trouvères et autres vieux rimeurs, ne voit guère dans la rime, qu'une matière à *Notes et remarques*, pareilles à celles que nous logeons prudemment au bas des pages, quand nous écrivons des livres lisibles. La poésie n'a rien à glaner chez Tobler; les érudits, je n'ose dire les savants, y découvriront certaines trouvailles pour leurs petites collections; le poète n'y rencontrerait pas le moindre grain de mil. Néanmoins j'aurai soin de citer Tobler.

Le sujet n'est pas épuisé; et, sur la rime française, tout n'a pas été dit: comme, avec la rime française, tous les tours de force n'ont pas été essayés; encore bien que d'innombrables fantaisies en ce genre aient été imaginées par des poètes qui eurent du talent, et par les autres.

Il y eut, en France, surtout deux époques où

---

1. *Études historiques et philologiques sur la Rime française*, par l'abbé Léon Bellanger. Voir sa *Vie*, par M. l'abbé A. Crosnier, professeur aux Facultés catholiques d'Angers.

les virtuoses de la rime en jouèrent sur tous les tons, avec force gambades ; sous prétexte d'enrichir la littérature, de renouveler l'art, de refondre les moules poétiques. Cela se fit au commencement du seizième siècle, et cela se fait au dix-neuvième siècle finissant.

Au seizième siècle, Meschinot, Molinet, Marot, Crétin (ne dirait-on pas ces noms inventés à souhait ?) cultivèrent la rime *emperière, kyrielle, brisée, annexée, batelée;*... et quiconque n'y réussissait point, n'était que de très basse roture au royaume de Phébus. Toute autre rime était « rhétorique ruralle », bonne « au plus pour les bergiers ([1]) ». Et l'on voyait alors en France des gens qui se pâmaient devant ces miracles de l'esprit : comme il y en a aujourd'hui qui trépignent d'aise devant des alexandrins de treize à dix-huit pieds, enguirlandés de rimes effrénées: pourvu que ces prodiges soient signés d'un rimeur abscons, de qui le langage défierait la sibylle Cumée.

Nos aïeux les plus sages, ceux qui avaient du génie, prirent soin d'établir, même pour la rime, des lois fondées en raison, appuyées sur l'expérience, confirmées par des œuvres qui n'ont point vieilli. Depuis un quart de siècle, nos petits démolisseurs ont changé tout cela, brouillé tout cela, piétiné tout cela. Ils s'acharnent contre la rime classique ; cela va de soi ; et pour leur compte, ils ahanent, qui autour de la rime *léonine*,

---

1. Cf. Bellanger, *La Rime*, p. 7.

qui autour de la « rime de goret(¹) ». L'anarchie règne dans ces minuscules phalanstères du Parnasse, sauf que tous s'entendent à détruire de fond en comble les choses du passé, sans toutefois bâtir de merveilles sur les ruines que ces géants de Lilliput amoncellent.

Il n'est donc pas superflu, croyons-nous, de rappeler que l'ancien régime de la poésie française n'était — pas plus que l'autre — un pur effet du *bon plaisir;* que les lois, privilèges, franchises de la rime étaient autre chose que des caprices ; que l'on doit les respecter encore toutes, ou peu s'en faut, sous peine d'extravagance; qu'il ne suffit point, aux alentours de 1900, pas plus qu'en 1830, d'insulter Nicolas, sa perruque et son code, pour s'en aller à la postérité, le chef orné de lauriers toujours verts ; que les plus hardis révolutionnaires du romantisme ont eu le bon goût de s'astreindre aux règles classiques de la rime, voire de les renforcer en les rajeunissant. Ils méprisaient Boileau ; mais s'ils rimaient plus richement que lui, ils acceptaient pourtant ses lisières.

Et puisque je parle de Boileau, dont le nom viendra tant de fois au bout de ma plume, je veux répéter aux fanatiques de la rime, que Boileau, poète de la raison, estimait fort cette « quinteuse ». Boileau a rimé une Épître à sa louange ; il comprenait le prix d'une belle rime ;

---

1. Au seizième siècle, on appelait *léonine*, ou *léonime*, la rime riche, et « rime de goret » la simple assonance.

il se moquait des poétaillons, qui se contentent de rimes banales et ressassées, qui font rimer *char* et *César* ou qui ont, dit-il,

> Abattu le turban
> Et coupé, pour rimer, les cèdres du Liban (Ep. 1).

Certes, ni pour Boileau, ni pour aucun des poètes qui pensent, la rime n'est toute la poésie ; mais elle appartient à l'essence de notre poésie aussi intimement que le parfum appartient à la rose, le chant à l'oiseau. S'il estime qu'elle doit rester esclave de la raison, il veut qu'elle enrichisse et embellisse cette reine. Aussi se fâche-t-il rouge en apprenant qu'on lui attribue à lui, Despréaux, une rime pitoyable, dans une satire très pauvre ; dont l'auteur, « quelque misérable cuistre de collège, n'a pas honte de rimer *épargner* avec *dernier* ».

Pour Boileau, le mot de la rime n'est jamais un mot pris au hasard, ou amené de force. C'est un mot choisi, un mot expressif, un mot qu'on « s'évertue » à chercher, s'il ne vient pas tout seul ; un mot qu'on n'admet point sans difficulté ; car il faut « rimer difficilement (1) », exactement, justement ; c'est le secret des maîtres.

Les maîtres ont d'autres secrets encore : nous essaierons de les entrevoir, tout en racontant l'histoire de la rime, en exposant sa nature, ses règles, ses usages, ses inconvénients et avantages ; en détaillant sur chacune de ces matières

---

1. Louis Racine, *Mémoires*,... 1.

un certain nombre de notes historiques ou littéraires qui pourront plaire et instruire ; et qui, si je ne m'abuse, auront le mérite de ne point se rencontrer partout.

C'est travailler sur de petites choses : *In tenui labor,* comme disait Virgile lorsqu'il entreprenait l'histoire des abeilles ; mais d'abord, même en touchant aux sujets peu graves, il est loisible de glisser quelque leçon sérieuse ; et puis ces sujets-là ont occupé de grands esprits et de très nobles génies. « Les esprits qu'on est convenu d'appeler pratiques, peuvent mépriser ces rêveurs qui cherchent tout un jour la quatrième rime d'un sonnet (1). » Pour ces gens pratiques, les combinaisons des rimes sont des passe-temps de fainéant ; et si le tintement du métal les tient en éveil, ils s'assoupissent au tintement des rimes d'or. D'autres ont consacré à ces jeux les facultés admirables que Dieu leur départit ; ils y ont voué le meilleur de leur temps. Un des amis de Racine, « le trouvant dans sa chambre, fort agité, lui demanda ce qui l'occupait. — Une rime, répondit-il ; je la cherche depuis trois heures (2). » Et Racine n'avait point perdu sa journée.

Plusieurs, non des moindres, sans se donner tant de peine, ont joui, en poursuivant la rime, d'un repos mérité par les tâches les plus viriles. Témoin le premier prosateur et le plus fier lut-

---

1. Th. Gautier, *Histoire du romantisme*, 3e édit., p. 359.
2. Louis Racine, *Mémoires*, 1.

teur de ce siècle. Pour se distraire d'un bon combat, Louis Veuillot jouait de la rime ; comme Ingres jouait du violon — et beaucoup mieux. Il répondait aux détracteurs de ce noble jeu :

> Tu raisonnes fort à propos
> Sur la toilette d'oripeaux
>   Que fait la Muse ;
>
> Et je t'accorde que jamais
> Homme de sens n'a rimé ; mais
>   Cela m'amuse...
>
> Je rime. — Aux Petites-Maisons ! —
> C'est ton dernier mot ; mes raisons
>   Ne sont que leurres !
>
> Soit ! Mais dis-moi, quel doux tourment
> Jamais a fait plus doucement
>   Passer les heures [1] ?

Il serait aussi superflu d'entamer l'apologie de la rime, comme d'entonner un panégyrique de la musique. On peut se passer de tous les beaux-arts ; ce n'est point de cela que l'on vit. Bornons-nous à ceci : la rime est, ainsi que les beaux vers dont elle est le nécessaire ornement, la plus charmante et la plus indispensable des choses inutiles.

Après avoir conté l'histoire de la rime ; après en avoir fait — pardon de ce grand mot — la philosophie, nous étudierons ses formes très variées ; puis nous conclurons : 1° contre les intempérants de la rime, par un décret de Boileau : celui-là est un sot,

---

1. *Satires*, Contre la prose.

Qui, pour rimer des mots, pense faire des vers ;

2° contre les néo-parnassiens, décadents, symbolistes, jeune-France, jeune-Belgique, et autres jeunesses très avancées, par un souhait en prose de Joachim du Bellay, très habile rimeur d'il y a quatre siècles, et vaillant défenseur de notre langue vulgaire et maternelle :

Je supplie à Phebus que la France enfante un Poëte dont le luc bien résonant fasse taire ces enrouees cornemuses, non aultrement que les grenoilles, quand on jette une pierre en leur marais (1).

---

1. *Deffense et illustration de la Langue françoise*, II.

CHAPITRE II.

Origines de la rime. — Fantaisies d'histoire et d'érudition : — La Bible. — Les Francs. — Les Arabes. — Les Toulousains. — Vraies origines : Le latin classique ; le latin de décadence. — Les chants d'église.

I.

D'OU vient la rime ? Petite question, qui a fait jadis couler des fleuves d'encre. En ce temps-là, on avait soin de façonner une belle généalogie aux belles choses. Les plus avisés, parmi les historiens de la rime, écrivaient bonnement : L'origine de la rime se perd dans la nuit des âges ; tout ainsi que les géographes disaient du Nil : Le Nil prend sa source dans les Montagnes de la Lune.

D'autres s'efforçaient de préciser. Jean Le Maire de Belges narrait, vers la fin du XVe siècle, en ses *Illustrations de Gaule Belgique* ([1]), que l'invention de la rime était due au roi Bardus, lequel vécut sept cents ans avant la guerre de Troie, fut bisaïeul de Jupiter, et sixième successeur de Noé, surnommé Janus. Ce Bardus eut aussi l'honneur de régner au pays des Gaules ; et, de lui, les chantres des héros Celtes se sont appelés *Bardes*. Voyez comme l'histoire se simplifie ! Ainsi, quelque dix ou onze siècles avant Homère, un de nos ancêtres couronnés se serait diverti à jeter aux échos de nos grands bois des

---

1. Liv. I, 30.

syllabes pareilles et mesurées ; Jean Le Maire de Belges ne nous dit pas en quelle langue. Quel dommage aussi que ce Bardus V n'ait pas écrit ses mémoires ! et quel dommage que l'histoire des Gaules commence, hélas ! bien vague encore, douze cents ans après la chute de cette heureuse dynastie des Bardus !

D'autre part, ce sixième successeur de Noé avait probablement rimé sans le savoir ; et sans savoir quel nom donner à cette curieuse découverte. Ce furent, mais beaucoup plus tard, les Goths qui en apprirent le nom aux Gaulois ; car les Goths rimaient aussi, de leur côté, dans leurs forêts de Scandinavie. Écoutez plutôt : « Leurs poètes s'appelloient *Runers* et leurs ouvrages *Runes ;* on donna ce nom aux unisones des Vers de ce tems-là, et dans la suite, au lieu de *Runes*, on les appela *Rimes* (¹). » Voilà qui est clair ; et il y a même là quelque apparence et lueur de vérité : nous le prouverons plus loin.

Mais cette invention de la rime, par un contemporain d'Abraham, semblait encore trop moderne à des chercheurs plus hardis. Un écrivain du XVIe siècle (lequel ? je ne sais) passe plus outre ; et, après avoir affirmé que les Anges et Adam parlaient en vers, dans le Paradis terrestre, il ajoute avec l'assurance d'un homme qui a tenu et lu les documents : « L'inventeur de la rime fut Samothée, fils de Japhet (²). » Osez

---

1. Mervesin, *Histoire de la Poésie françoise*, 1707, p. 54.
2. *Curiosités littéraires*, 1845, p. 41.

donc soutenir que la rime n'est pas de bonne race ; elle remonte au déluge.

De fait, elle remonte au moins jusque-là. Je dis au moins ; car la rime a son origine première dans la nature elle-même ; comme la musique. L'inventeur des instruments de musique, *pater canentium cithara et organo* (¹), fut Jubal, arrière-petit-fils de Caïn. La musique existait avant les instruments, et la rime est aussi vieille. D'aucuns ont conté que les premiers humains qui entendirent l'écho y trouvèrent la révélation de la rime. Mais il suffisait aux premiers humains d'ouïr leur parole.

La rime, quels qu'aient été les premiers rimeurs de l'humanité, vient physiologiquement du plaisir que cause le retour régulier d'un même son ; plaisir qui est senti par tout le monde, à commencer par les enfants qui balbutient. La rime est chose humaine. Chez tous les peuples, on s'est aperçu, sans aucune peine, qu'il était agréable d'entendre répéter des sons identiques, à court intervalle, ou même de suite : que ce soit des phrases et mélodies musicales, que ce soit des syllabes chantées ou parlées.

La rime est un chant très bref, sans inflexions, une mélodie très simple, la plus simple de toutes. Les vers, ou métriques, ou rimés, sont une forme musicale du langage ; et personne n'ignore qu'ils furent primitivement unis à la musique, faits pour la musique. Quant à nos vers modernes,

---

1. *Genèse*, IV, 21.

leur *musique* vient ensemble et du rythme intérieur et de la rime finale par où s'affirme et s'achève la phrase rythmée. Le plaisir musical est causé tout d'abord, chez tout le monde, par le retour de ce son attendu. Et plus le son est exact, parfait, harmonieux, arrivant à point, symétriquement, mieux le plaisir est senti et goûté même par les oreilles les moins exercées. Nous appuierons ailleurs sur ce fait : nous n'avons besoin ici que de l'indiquer. Réfutons seulement d'un mot la méprise d'un homme habile, au sujet du plaisir naturel de la rime.

M. Becq de Fouquières contredit l'évidence et l'expérience, quand il écrit : « Le plaisir que la rime procure à notre oreille, ne tient nullement au charme problématique que nous cause la répétition d'un son ; il est plus élevé et il a sa source dans le sentiment d'ordre et de régularité que nous fait éprouver la sensation de la mesure ([1]). » Langage et argument d'un raffiné, qui oublie plusieurs choses ; ou qui n'en aperçoit ici qu'un seul côté, le plus beau, mais non le plus large. Le plaisir de la rime vient à la fois de ceci et de cela : du sentiment de l'ordre et du charme des sons répétés. Le charme que nous cause la répétition d'un son agréable, n'est point problématique ; il est naturel. Des gens fort peu cultivés y sont aisément sensibles. Le sentiment d'ordre, de régularité, de mesure, saisit moins directement et moins vite. M. Becq

---

[1]. *Traité général de versification française*, p. 25.

de Fouquières ajoute: C'est par la rime que « l'oreille est avertie que les douze sons du vers sont écoulés (1) ». Et quand le vers n'a pas douze sons? quand les vers sont libres, très inégaux de mesure, de rimes variées et entrelacées ?.... Prononcez un bel alexandrin, bien marqué, aux syllabes fortes bien accentuées, aux césures bien placées, à la pensée bien saisissable, est-ce qu'on aura besoin d'attendre le second vers, ou le troisième, celui de la rime, pour être averti que les douze sons de l'alexandrin sont écoulés ? Lisez, par exemple :

> A vaincre sans péril, on triomphe sans gloire...
> Sur les ailes du temps la tristesse s'envole...
> J'aime le son du cor, le soir, au fond des bois...
> Tout homme a deux Pays: le sien et puis la France.

Peu importe la rime de *gloire*, de *s'envole*, de *bois*, de *France ;* peu importe le vers qui viendra rimer: chacun des vers que voilà, tout venu, est beau ; et sans attendre la rime, je sais que les douze temps sont écoulés.

La sensation de la mesure est plus vive chez les lettrés, les initiés à l'art des vers, les poètes de profession ; mais chez le peuple — et nous sommes un peu tous peuple — le retour d'un son pareil de syllabes identiques, même quand il n'y a pas de vers, ou que les vers ne valent rien, frappe, plaît, amuse.

Aussi a-t-on constaté que la rime existe de tout temps, à peu près dans toutes les langues,

---

1. *Ibid.*, p. 29.

sinon dans toutes absolument, chez tous les peuples, aux quatre vents du ciel ; dans l'Inde, en Chine, en Orient, chez les tribus du Nouveau-Monde. En Occident, en Europe, on la retrouve partout, dans les chansons naïves des enfants et des nourrices, dans les proverbes populaires, dans les refrains composés et chantés par des artistes qui n'ont jamais su lire. Le plaisir que ces rimeurs ingénus éprouvent n'est point problématique, mais réel et universel.

Dans la littérature la plus vénérable qui soit au monde, il existe, sinon des rimes proprement dites, au moins des assonances. Certains savants ont même prétendu que les Auteurs inspirés cherchaient la rime avec passion. Au dix-huitième siècle, un membre de l'Académie des inscriptions et belles-lettres, M. Fourmont, écrivit une *Dissertation sur l'art poétique et sur les vers des anciens Hébreux*, insérée au tome IV des *Mémoires* de la dite académie, pour établir « qu'il y a eu une Poésie rimée chez les anciens Hébreux, que leur langue est pleine de rimes, que les Hébreux les affectent jusque dans la prose ».

Qu'il se rencontre dans la Bible, des syllabes finales pareilles, cela est hors de doute, comme il est certain que les poètes bibliques ont voulu et cherché des idées qui se répondent; néanmoins la science de l'hébraïsant Fourmont n'est pas sans me laisser un nuage d'inquiétude ; car elle se hasarde jusqu'à cette proposition, que « l'amour de la rime a fait négliger aux Auteurs des

Psaumes et des Cantiques la propriété des termes et le tour naturel des phrases (¹) ». Imaginez-vous bien David, les doigts sur le kinnor, cherchant la lettre d'appui, comme nos parnassiens ; et comme eux, plantant des chevilles, deci et delà, au travers des psaumes, pour n'avoir su réduire la rime, selon le précepte de Boileau, à son rôle d'esclave : n'est-ce pas ridicule ? De plus, c'est faux.

Quant à l'assertion de Voltaire, racontant qu'un rabbin, « qu'il avait choisi pour précepteur d'hébreu, lui montra dans le texte saint deux petits vers qui rimaient », c'est peut-être vrai ; mais cela ne tire guère à conséquence. Voltaire a si souvent plaisanté, si souvent menti ! Voltaire, même flanqué d'un rabbin, n'est pas une autorité (²).

Quoi qu'il en soit des assonances de la Bible, qui du reste cadrent si bien avec le parallélisme voulu des pensées, les peuples orientaux ont senti le plaisir non problématique de la rime ; et les Arabes en particulier furent des rimeurs acharnés, en dépit de Mahomet, qui n'aimait pas les poètes. Les peuples occidentaux étaient, eux aussi, sensibles à cette musique. Les bardes Celtes rimaient, à l'ombre des menhirs, sous les pins chevelus et les chênes trapus d'Armor ; d'où l'on pourrait conclure que les poèmes très

---

1. Cf. Goujet, *Bibliothèque françoise*, t. III, pp. 8 et 9.
2. Voir Villemain, *Cours de littérature française*, Moyen Age, nouv. édit., t. I, p. 122.

longs, confiés à la mémoire des druides apprentis, sans jamais être écrits, même sur l'écorce des arbres, étaient ornés de rimes. La rime, entre autres avantages, est un aide-mémoire. Relisez, dans le recueil si riche des *Barzaz-Breiz*, la *Prophétie de Gwenc'hlan*, qui date, paraît-il, du cinquième siècle de notre ère ! Jetez un coup d'œil sur le texte celte ; et voyez comment on rimait, en Bretagne, sous le règne des rois Francs Mérovée et Clovis.

II.

Mais avant d'arriver aux Francs, nos aïeux, un mot des peuples du Nord, leurs frères. Au début de ce chapitre, nous avons accordé quelque crédit à l'histoire rudimentaire des Scandinaves *runers* et des *runes*, d'où, par une étymologie plus que hasardeuse, nous viendrait le nom de la rime. Il est prouvé que la rime existait chez les vieux Scandinaves ; et que leurs Scaldes rimaient les *eddas*, vers le temps où les bardes armoricains rimaient leurs *Barzaz* (1). Les hommes du Nord, après leur invasion dans les vertes plaines de Neustrie, oublièrent vite l'idiome rude de Rollon ; mais ils ne désapprirent point à rimer. Une fois installés en Neustrie, ils devinrent promptement *trouveurs* en langue rustique et romane : et c'est chez les Normands qu'apparu-

---

1. Hégel, *Poétique*, liv. I, ch. 11, p. 96.

rent les premières épopées françaises, *Roman de Brut*, *Roman de Rou*.

Les Francs, qui, même après Tolbiac, continuèrent de parler leur idiome, n'étaient pas rebelles aux lois agréables de la rime ; du moins sur les bords du Rhin et dans la Basse-Alsace. Vers 870, à Wissembourg, le moine bénédictin Otfried écrivait une narration évangélique en vers rimés et groupés par strophes. Il l'intitula *Evangelienbuch ;* c'est un des plus antiques monuments de la littérature germanique et du haut-allemand.

Les autres Francs qui, peu à peu, laissaient pénétrer le « latin des rustres » dans leur langage, rimaient leurs *lieds*, que, vers la fin du sixième siècle, saint Fortunat de Poitiers les entendait chanter sur la « harpe barbare ».

Il eut souvent cette joie, comme il le dit d'abord à saint Grégoire de Tours ([1]), puis aux rois Charibert et Chilpéric, puis au duc Loup (Wolf) à qui il l'assure en vers latins rimés ou *léonins*.

> Nos tibi versiculos, dent carmina barbara *leudos ;*
> Sic, variante tropo, laus sonet una viro ([2]).

Et au même endroit, saint Fortunat, le poète du *Vexilla regis*, déclare que l'on entend chez ce prince « des poètes latins, des scaldes germaniques et des bardes bretons ». Oh ! les heu-

---

1. *Prologus ad Gregorium.*
2. Lib. VII, Carm. 8.

reux siècles de fer ! c'était à qui rimerait le mieux, ou le plus fort, ou le plus énergiquement, surtout le plus longuement.

Toutefois, si les Francs aimaient la rime, même la rime léonine ([1]), ils étaient passionnés pour l'*allitération*, cette rime barbare, cette répétition et consonance des mêmes initiales ; ils aimaient mieux commencer, par où nous aimons mieux finir ; cela flatte moins l'oreille ; mais cela craque plus dur dans la bouche ([2]). La rime est un plaisir plus civilisé, l'allitération est la rime sauvage.

Un secrétaire fort ingénieux de l'Académie française au dix-huitième siècle écrivait, aux environs de 1720, dans un ouvrage où Voltaire prononce qu'il y a « peu d'erreurs », et où certainement il y a beaucoup d'esprit :

La rime, ainsi que les fiefs et les duels, doit son origine à la Barbarie de nos Ancêtres. Les peuples dont descendent les nations modernes, et qui envahirent l'Empire Romain, avoient déjà leurs poètes quoique barbares...

Ils s'étoient avisés qu'il y auroit de la grâce à terminer par le même son, deux parties du discours qui fussent consécutives ou relatives et d'une égale étendue. Ce même son final, répété au bout d'un certain nombre de syllabes, faisoit une espèce d'agrément...

La langue naissante se vit asservie à rimer ses vers, et la rime passa même dans la Latine, dont l'usage s'étoit conservé parmi un certain monde ([3])...

---

1. V. Aubertin, *Histoire de la langue et de la littérature françaises*, t. II, p. 187.

2. V. Ozanam, *Études germaniques*, 5ᵉ édit., t. III, p. 298.

3. du Bos, *Réflexions critiques sur la Poésie et la Peinture*, 1ʳᵉ partie, section XXVI.

En cette petite page, plusieurs vérités, « peu d'erreurs », mais pourtant une grosse méprise. L'excellent abbé du Bos se figure que la rime passa, du français « naissant » et bégayé, au latin conservé « dans un certain monde ». C'est juste le contraire. Ce certain monde était celui de l'Église. Or, c'est précisément sur le latin parlé, écrit, chanté, rimé par ce certain monde, que le français naissant calqua et façonna ses premières rimes, lesquelles du reste sont, dans le français naissant, les consonances de mots encore latins à demi, aux trois quarts, ou même tout à fait.

Nous l'allons montrer tout à l'heure, après avoir élagué en courant quelques broussailles, et détruit quelques fantaisies touchant les origines de la rime française.

III.

Au dire de Mgr Huet, les Arabes auraient importé en Espagne, au huitième siècle, cette trouvaille orientale, qui, de là, aurait traversé nos Pyrénées et toutes les Gaules : « C'est des Arabes, à mon avis, que nous tenons l'art de rimer ; et je vois assez d'apparence que les vers léonins ont été faits à l'exemple des leurs ([1]). »

Par malheur pour l'avis du docte évêque d'Avranches, la rime était connue en Gaule, longtemps avant l'invasion de l'Espagne par les

---

1. Huet, *De l'Origine des Romans.*

Maures ; et les vers léonins florissaient cinq ou six siècles avant Mahomet. J'ai même lu quelque part que ces vers à double rime prirent leur nom de léonins, du pape saint Léon II, au septième siècle. Le bon moine de Cluny, Joseph Mervesin dit ceci en son *Histoire de la Poésie française* :

> Léon II, voulant réformer les Hymnes que l'on chantoit à l'Église, sur la fin du sixième siècle ([1]), parce qu'elles étoient trop obscures, ordonna qu'on en fît de nouvelles : un Diacre, nommé Paul, fit celle de saint Jean-Baptiste, en Vers d'une nouvelle espèce, qu'on appela *Léonins*, du nom du Pontife, dans lesquels il mit une rime au repos et l'autre à la fin ([2])... »

C'est bien le diacre Paul qui, vers 774, composa en saphiques rimés l'hymne du saint Précurseur, d'où le moine Gui d'Arezzo emprunta les noms des notes de la gamme :

> Ut queant laxis resonare fibris
> Mira gestorum famuli tuorum,
> Solve polluti labii reatum,
> Sancte Joannes.

Mais il vécut cent ans après Léon II. D'autre part, les vers léonins n'étaient pas d'une « nouvelle espèce » ; et s'il faut s'en rapporter à Pasquier, ce nom leur viendrait d'un contemporain de Louis VII, longtemps après saint Léon II ([3]).

---

1. Saint Léon II ne régna guère qu'un an, et à la fin du septième siècle (682).
2. Page 61.
3. Pasquier, *Les Recherches de la France*, t. I. — Les onzième, douzième et treizième siècles furent l'âge d'or de cette double rime. Citons-en un bel échantillon. Sur une salière d'étain du treizième, conservée au Musée de Cluny, on lit ce distique en rimes très riches :
> Cum sis in mensa, primo de paupere pensa ;
> Nam cum pascis eum, pascis, amice, Deum.

La Harpe va quérir la rime un peu moins loin que l'évêque d'Avranches. Il s'arrête au pied des Pyrénées ; c'est de là, écrit La Harpe, que descend la rime française. Partie de là, elle a marché, du midi au couchant, un peu comme sa compatriote la Garonne.

> Les troubadours... nous donnèrent la rime ; soit qu'ils en fussent les inventeurs, soit qu'ils l'eussent empruntée des Maures d'Espagne : comme on le croit, avec d'autant plus de vraisemblance, que la rime chez les Arabes était de la plus haute antiquité [1].

Où La Harpe avait-il découvert ses documents ? si tant est qu'il eût des documents. Je suis tenté de croire que c'est chez les Toulousains ; gens très aimables, de beaucoup d'esprit, comme chacun sait ; mais dont plusieurs sont enclins à dire, en mainte occasion : *Si la Garonne avait voulu !*... En 1685, un jésuite de Toulouse, le P. Mourgues, poète, mathématicien, auteur d'un *Traité de la Poésie françoise*, où M. de Banville n'a pas dédaigné de puiser, et où nous puiserons, racontait, en vers, à ses amis les Mainteneurs des Jeux floraux, que les poètes de Toulouse avaient trouvé la rime française dans le verger de Clémence Isaure ; verger où il éclôt des fleurs si belles.

> ... Dez lors par leur cheutte pareille
> Mêmes sons de termes divers

---

1. *Cours de littérature*, t. IV, p. 209.

> Firent découvrir à l'oreille
> Un nouveau charme dans les Vers (¹).

Les poètes, fussent-ils Normands, sont tous un peu Gascons, lorsqu'il s'agit de louer leurs amis, leurs Mécènes, et eux-mêmes. On ne saurait s'étonner des hyperboles, bien rimées, dont le P. Mourgues salue et amuse le collège du gai Savoir. Mais ce quatrain ne prouve qu'une chose, ou deux : que l'auteur était un galant homme, et qu'il était dans les meilleurs termes avec les gracieux distributeurs de l'amaranthe, de la violette, de l'églantine et du souci.

Il y eut néanmoins, voilà quelque soixante ans, du temps de Raynouard, poète tragique des *Templiers*, et fougueux défenseur de la littérature méridionale, une question sur laquelle les érudits se divisèrent. Qui, des troubadours, ou des trouvères, usa d'abord de la rime? On y perdit du papier et même un peu du calme qui sied aux travaux des Muses. Aujourd'hui, la réponse paraît assez simple. Quels furent les premiers rimeurs en France : les troubadours, ou les trouvères?... Les troubadours et les trouvères.

Dès le Xe siècle, chacun rima de son côté, qui en langue d'oc, qui en langue d'oïl; tandis que les gens d'église rimaient de plus en plus activement, richement et *royàument* en latin.

---

1. *Ode* pour Messieurs de l'Académie des Jeux floraux, en leur dédiant les règles de la Poésie françoise. — Voir dans le *Journal des Sçavans*, 22 janvier 1685, un éloge du *Traité* du P. Mourgues, « homme qui aime sa nation ».

IV.

Faisons ici une pause et quelques pas en arrière. Depuis bien des siècles, on rimait en latin : il convient d'insister là-dessus : c'est insister sur les vraies et lointaines origines de la rime française. Écoutons, avant de passer plus outre, un vieil historien de notre poésie, qui expose ce qu'il sait avec tant de naïveté et de bonhomie :

> L'oreille trouva des charmes à être frappée deux fois de suite par un même son. César s'en étoit peut-être apperçu, quand il dit : *Je suis venu, j'ai vu, j'ai vaincu* (¹).
> Dès que la belle Poësie fut sur son déclin, les Poëtes qui n'avoient pas assez de génie pour remplir leurs ouvrages de pensées ingénieuses et de nobles expressions, ne s'attachèrent qu'à plaire à l'oreille par des unisones. Les vers que fit Adrien, sur le point de rendre l'âme, et dont presque tous les mots sont sur une même rime, font bien voir qu'elle étoit recherchée (²).

Adrien choisissait mal son temps pour adresser à son âme « superstitieuse et désespérée » ces unisones peu consolants :

> Animula, vagula, blandula,
> Comes hospesque corporis,
> Quæ nunc abibis in loca,
> Pallidula, frigida, nudula?...

Mais combien d'autres Romains avaient cultivé les unisones avant cet empereur mourant ! On

---

1. Évidemment César ne le dit pas en français ; mais au lieu de rimer en *u*, César rimait en *i* : *Veni, vidi, vici.*
2. Mervesin, *Histoire de la Poésie françoise*, page 61. — Voir M. de Champagny, *Antonins*, 2ᵉ éd., t. II, pp. 106-107.

les cultivait en prose et en vers. Personne, pour peu qu'il soit initié aux petits mystères du grec et du latin, n'ignore que les concitoyens de Démosthènes aimaient les finales unisones, ou ὁμοιοτέλευτα ; que les contemporains de Cicéron goûtaient fort les désinences pareilles des phrases et membres de phrases, ou *similiter desinentia*.

Et je m'étonne une fois de plus que, seul entre tous les humains, M. Becq de Fouquières ait jugé « problématique » le plaisir que cause à l'oreille la répétition des mêmes sons et syllabes. Les Grecs et les Romains, nos maîtres, en jugeaient bien autrement.

> Entre les traicts et affeteries de la Rhetorique, il n'y en avoit point qui chatoüillast tant les aureilles du Peuple, que ces Clauses qui tombent soubs mesmes consonances. C'estoit en quoi les Advocats de Rome se jouoient plus de leurs esprits, quand ils vouloient réveiller leurs juges (1).

Nous autres modernes, nous haïssons ces consonances en prose; nous ne les aimons qu'à la fin des vers; mais comme parle Bouhours :

> Les Grecs et les Latins ne haïssent point les rimes en prose : au lieu de les éviter, ils les recherchent quelquefois ; et tant s'en faut que ce soit un vice parmi eux qu'ils les affectent comme une espèce de beauté et de figure (2).

Tullius lui-même, le délicat et raffiné Tullius, trouvait ces chutes jolies, amoureuses, admirables; faites pour le plaisir de l'oreille, non moins

---

1. Estienne Pasquier, *Recherches de la France*, liv. VII, 1.
2. P. Bouhours, *Doutes sur la Langue françoise*, 2ᵉ édit. 1682, p. 269.

que les *esse videatur*; et, qui plus est, faites pour le bel agencement des pensées :

> Datur etiam venia concinnitati sententiarum, ut pariter extrema terminentur, eumdemque referant in cadendo sonum,... ad voluptatem aurium (¹).

Est-ce assez concluant? Quant aux poètes, ils avaient d'autres ressources beaucoup plus variées, plus musicales, moins matérielles que les unisones et les *similiter desinentia*. Et pourtant, ils rimaient aussi, *ad voluptatem aurium*. Cicéron, le charmeur du peuple-roi, en cite un curieux exemple du vieux poète Ennius ; on prendrait volontiers ces lignes rimées pour des vers de dix pieds français. Il s'agit des malheurs de Troie :

> Hæc omnia vidi inflammari,
> Priamo vi vitam ereptari,
> Jovis aram sanguine turpari...

Cela se chantait, et au dire de Cicéron, sur un mode triste, *flebiliter ;* c'était une chanson douloureusement exquise, où tout, pensées, paroles, mélodie, porte aux larmes : *Praeclarum carmen : est enim et rebus et verbis et modis lugubre* (²). Quel dommage qu'un chercheur n'ait pas encore reconstitué l'air « pitoyable » de ce couplet rimé par Ennius !

Hégel, qui n'a pas toujours tort quand il parle de la rime et qui est quelquefois intelligible, a raison d'écrire : « Aux jours les plus florissants

---
1. *Orator*, XII. Cf. Quintilien, IX, 3.
2. *Tuscul.*, I, 35, et III, 20.

de la littérature romaine, la rime se rencontre déjà chez les poètes les plus parfaits (¹). » Et il cite, en preuve, les deux hexamètres d'Horace, dans l'*Épître aux Pisons :*

> Non satis est pulchra esse poemata ; dulcia sunto,
> Et quocumque volent animum auditoris agunto.

Est-ce que ces deux vers d'Horace ne ressemblent pas déjà un peu à ces deux autres, composés au moyen âge, en France, pour une statue du bon roi Dagobert :

> Fingitur, hac specie, bonitatis odore refertus,
> Istius ecclesie fundator rex Dagobertus?

Ces deux derniers sont, en plus, à demi léonins ; mais est-ce que nos rimeurs latins étaient allés chez les Arabes, suivant l'opinion de Huet, pour apprendre cette façon de rimer à la césure et à la finale ? Nullement. Ils tenaient la rime léonine d'Ovide et de Virgile, chez qui elle fourmille. Des lettrés, qui avaient du temps et de la patience, ont compté combien, dans les œuvres du « Cygne de Mantoue », l'on rencontre d'hexamètres où le dernier mot rime avec le mot de l'hémistiche : et voici ce qu'ils ont trouvé :

> BUCOLIQUES : 75 ;
> GÉORGIQUES : 198 ;
> ÉNÉIDE :   651.

Ce qui donne, chez Virgile, un vers léonin sur quatorze. Vous doutiez-vous que le chantre

---

1. *Poétique*, liv. I, chap. II.

du pieux Énée eût rimé, presque autant que Despréaux, dans tout son *Art poétique ?*

Et ce n'était point seulement par une pure rencontre et un pur effet du hasard. L'effet est voulu. Sans doute, Virgile et Ovide avaient pour premier but de placer aux endroits saillants du vers les mots qui correspondent et qui s'attirent ; mais ils visaient à produire ces consonances ; ils ne les auraient pas multipliées de la sorte, s'ils n'en avaient senti le charme.

A mesure que l'on s'éloigne du siècle d'Auguste, on s'aperçoit que les écrivains ont recours à ces moyens matériels des unisones, des *similiter desinentia*, des rimes. Dans l'*Apokolokyntose* de Claude, c'est par des vers rimés que débute le chant funèbre en l'honneur du pauvre empereur défunt. Claude était mort, raconte plaisamment Sénèque ; on faisait ses funérailles; mais le malheureux était si sot, que, même alors, il ne comprenait rien à ce qui se passait. Il commença seulement à se douter de quelque chose, quand il entendit cette *naenia*, ces petits adoniques lugubres en rimes riches :

> Fundite fletus,
> Edite planctus,
> Fingite luctus ([1])...

Dès le second siècle, on abuse de ces consonances ; comme on peut le voir dans les *Nuits attiques* d'Aulu-Gelle ([2]). Apulée étale de vraies tirades rimées en ses *Florides.:*

---

1. *Apokolokyntosis*, cap. II, 12.
2. *Noct. att.*, XVII, 8.

> ...Et uxor inhibens,
> Et mater indulgens,
> Et patruus objurgator,
> Et sodalis opitulator,
> Et miles præliator...

V.

Peu à peu, tandis que les Barbares avancent, la langue classique se perd, le sentiment du rythme diminue, le goût baisse ; la décadence arrive. A partir du quatrième siècle, époque des grandes invasions, la rime pénètre la prose et la poésie latine. Et les représentants de la littérature latine étant dès lors et dorénavant les Pères de l'Église, ce sont eux qui donnent l'exemple, souvent heureux, mais de plus en plus fréquent, de discours et de poèmes, où les consonances tintent et carillonnent. Est-il besoin d'appuyer sur ce fait que saint Augustin est passé maître en cet art ? Relisez, entre autres admirables pages, tel passage du Traité 124ᵉ *in Joannem ;* et comptez les assonances, les *similiter desinentia*, les rimes :

> Duas vitas sibi divinitus prædicatas et commendatas novit Ecclesia ; quarum una est in fide, altera in specie ; una in tempore peregrinationis, altera in æternitate mansionis ; una in labore, altera in requie ; una in vita, altera in patria ; una in opere actionis, altera in mercede contemplationis... Una cum hoste pugnat, altera sine hoste regnat.

On dirait d'une strophe en rimes plates. Et chez saint Augustin, la même recherche de désinences pareilles se montre et éclate partout.

D'ailleurs, le grand Docteur n'estime point qu'en amusant ainsi l'oreille, on affadisse la pensée ; il vise même à enfoncer la pensée plus avant dans l'âme. Et un jour qu'il veut confondre les Donatistes, il compose contre ces hérétiques un hymne de deux cent cinquante lignes rimées en assonances.

D'Afrique, repassons en Italie et en Gaule. Dans ces pays, « du quatrième au onzième siècle, la poésie populaire latine et la poésie liturgique nous offrent d'abondants exemples de toutes ces combinaisons de la rime. Les strophes des hymnes de saint Hilaire et de saint Ambroise sont déjà monorimes (¹). » Celles de saint Ambroise le sont beaucoup plus rarement et restent fidèles à la mesure ïambique, sans autres ornements, sauf dans l'hymne de sainte Agnès et dans celle de Prime :

>Ut cum dies abscesserit,
>Noctemque sors reduxerit,
>Mundi per abstinentiam
>Ipsi canamus gloriam.

Chez d'autres poètes liturgiques, on voit de nombreuses rimes mêlées ou plates; par exemple, dans l'hymne de sainte Agathe, écrite, au quatrième siècle, par le pape saint Damase. Sedulius, l'auteur du *Paschale Carmen*, va jusqu'à croiser les rimes et à les entrelacer, comme il le fait dans cette strophe ïambique, que nous chantons à Noël :

---

1. Ch. Aubertin, *lib. cit.*, p. 185.

> A solis ortus cardine,
> Ad usque terræ limitem,
> Christum canamus principem,
> Natum Maria Virgine.

Saint Fortunat, quand il s'en donnait la peine, rimait beaucoup mieux encore. Il écrivait, pour le roi Childebert II, des distiques en rimes léonines redoublées, avec des jeux de mots, qui eussent jeté en pâmoison nos maîtres ès *concetti* de la Chambre bleue :

> Primus et a primis, prior et primoribus ipsis,
>   Qui potes ipse potens, quem juvat Omnipotens ;
> Digne, nec indignans, dignus, dignatio dignans,
>   Florum flos, florens florea, flore fluens (1)...

Franchement, sommes-nous bien à la cour du fils de Brunehaut, ou à l'hôtel de Rambouillet ? On pourrait s'y tromper : c'est le fin du fin.

Voici quelque chose de plus populaire, en l'honneur du fils de Frédégonde. C'est une chanson rimée pour Clotaire II ; et selon Helgaire, historien de saint Faron, évêque de Meaux, ladite chanson eut grande vogue en France ; « elle était sur toutes les lèvres, et les femmes la chantaient en battant des mains » :

> De Chlotario canere est rege Francorum
> Qui ivit pugnare cum gente Saxonum.
>   Quam graviter provenisset
>   Missis Saxonum,
>   Si non fuisset

---

1. Mabillon, *Analecta*, 387. — E. du Méril, *Poésies populaires latines antérieures au XIIe siècle*, p. 157.

> Inclytus Faro de gente Burgondionum!
> Quando veniunt in terram Francorum,
> Faro ubi erat princeps, missi Saxonum
> Instinctu Dei transeunt per urbem Meldorum,
> Ne interficiantur a rege Francorum.

Ainsi donc, au commencement du septième siècle, le peuple de Meaux, celui à qui Bossuet consacra les restes sublimes de sa voix et de son éloquence, chantait gaiement des vers rimés; mieux rimés que les *Pompiers de Nanterre*.

Par une coïncidence à noter, ce fut vers cette même date que, sous le pontificat de saint Grégoire, réformateur des chants d'église, les anges eux-mêmes, suivant une tradition très vénérable, improvisèrent à Rome le couplet ou l'antienne rimée du *Regina cœli*.

> Regina cœli lætare,
> Quia quem meruisti portare,
> Resurrexit
> Sicut dixit.

Depuis ce temps-là, jusqu'au temps de Santeuil et même au delà, d'abord sous les lourdes voûtes romanes, ensuite sous les ogives élancées et fleuries, le peuple chrétien de France chanta, du même cœur, et à pleine voix, les tropes, séquences, proses, hymnes rimées. Ces poèmes vraiment populaires furent écrits, du dixième au treizième siècle, tantôt par des évêques, comme saint Fulbert de Chartres et Hildebert du Mans[1]; tantôt par des rois, comme Charlemagne auteur,

---

1. Voir Dom Guéranger, *Année liturgique*, Temps pascal, p. 192 ; t. III, p. 414.

dit-on, du *Veni Creator*, et Robert le Pieux qui composa les paroles et la musique de *Adsit nobis gratia* et de *O constantia martyrum*. « Heureux temps, dit à ce propos Dom Guéranger, où les rois composaient des chants pour leurs sujets (¹) ! » — Et des chants qui étaient de vraies mélodies nationales, autrement faites pour élever les âmes, les réjouir, les exciter aux fiers combats, que les inepties, fort mal rimées, tapageuses et aux souvenirs criminels, que d'aucuns, en France, appellent l'*hymne national*.

D'autres fois, les rimeurs de ces saintes mélodies étaient des papes, comme Innocent III, auteur de la prose : *Veni Sancte spiritus* (²) ; des moines, comme ce Notker de Saint-Gall, mort en 1022, l'auteur présumé du premier drame liturgique, en vers libres et rimés, qui est notre prose de Pâques : *Victimae Paschali laudes;* ou comme le frère Jacopone da Todi, parmi les *Cantiques* duquel on trouve le *Stabat Mater dolorosa* — qui est plus probablement l'œuvre, ou d'Innocent III, ou d'un admirable inconnu du douzième siècle ; un contemporain des moines bâtisseurs de cathédrales, prêcheurs de Croisades, ou créateurs de naïves et superbes enluminures (³).

---

1. *Institutions liturgiques*, t. I, pp. 308-309 et 326.
2. *Ibid.*, p. 326.
3. Nous voudrions, parmi ces rimeurs du cloître, nommer saint Bernard auquel on avait attribué l'*Ave regina cœlorum* et le *Jesu dulcis memoria*, qui ne sont pas de lui (Cf. abbé Vacandard, *Vie de saint Bernard*, t. II ; Traités liturgiques ; et *Revue des quest. hist.*, janvier 1891).

A partir du dixième siècle, il n'y a plus, ou très peu, de chants d'église populaires, sur des mètres classiques. Tout est rimé ; et plus l'on avance dans nos glorieux « siècles de fer », plus les rimes sont belles, choisies, sonores. Rappelez-vous celles de saint Thomas d'Aquin, l'incomparable poète du Saint-Sacrement :

> Lauda, Sion, Salvatorem,
> Lauda ducem et Pastorem,
>   In hymnis et canticis.
> Quantum potes, tantum aude,
> Quia major omni laude,
>   Nec laudare sufficis.

Rimes admirables, neuves et choisies, dont un romantique de 1830 aurait été jaloux, avec raison.

Lisez dans l'*Année liturgique*, les séquences d'Adam de Saint-Victor pour toutes les fêtes. Jamais homme en France, fût-il Hugo ou Banville, n'a rimé plus richement que ce moine du douzième siècle finissant. Personne n'a inventé plus de strophes de toute allure ; car il écrit en strophes et parfois en antistrophes, comme Pindare et comme saint Thomas d'Aquin, dans le *Lauda Sion* que nous citions tout à l'heure. Prenons au hasard ; par exemple, la *Prose du Saint-Esprit*, et admirez ces belles consonances, ces véritables *rimes d'or* :

> Lux jucunda, lux insignis,
> Qua de throno missus ignis
>   In Christi discipulos ;
> Corda replet, linguas ditat,
> Ad concordes nos invitat
>   Linguæ cordis modulos.

Lisez la suite, dans les pieux volumes de Dom Guéranger ; ou, si vous en avez le loisir — que je vous souhaite — dans l'édition de M. Léon Gautier, l'auteur de la *Chevalerie* et des *Épopées*, le savant qui connaît le mieux notre moyen âge, parce qu'il l'a le plus aimé.

Après Adam de Saint-Victor, lequel fut, au dire d'un poète décadent qui l'admire, « le plus magique artisan verbal qui ait fait sonner le psaltérion latin ([1]) », je m'arrête. Je n'écris point l'histoire de la liturgie. J'esquisse, à grands traits, les origines et le développement de la rime. Les *Proses* d'Adam de Saint-Victor sont l'apogée de la rime latine.

Qu'est-il besoin maintenant d'aller chercher la rime française chez les Arabes, chez les Juifs, chez les Allemands, ou ailleurs ? Nos *trouveurs* ne sont pas allés si loin ; ils sont restés chez eux. Nos « dévots aïeux » l'ont bonnement empruntée aux séquences, proses et hymnes de la liturgie. La rime, ils l'entendaient retentir, pour leur plus grand profit et plaisir, à l'église, tous les dimanches et fêtes ; surtout depuis le dixième siècle, au temps où notre langue commençait à poindre ; et sans cesser d'être *romane*, s'essayait à devenir française.

Au surplus, n'oublions pas que les premiers poètes français furent eux-mêmes des gens d'é-

---

1. Remy de Gourmont, *Le Latin mystique*, p. 236. Livre bizarre, écrit en auvergnat raffiné, c'est-à-dire en français décadent, et semé de pages peu chastes ; mais où il y a de la science et parfois un goût sincère des chants d'église.

glise. Ce fut un homme d'église qui rima, au dixième siècle, la *Cantilène de sainte Eulalie*, notre premier poème connu ; et Robert Wace, le bon chanoine de Bayeux, contemporain de Guillaume le Conquérant, rimait ses *Romans*, selon ce qu'il entendait et chantait au chœur, en latin. Lorsque nos autres dévots ancêtres, moines, clercs, ou jongleurs, se prirent à écrire les *Gestes* de nos héros, à traduire, non plus, dans le docte parler de « Rome la grant », mais dans celui de « doulce France », les joies ou les peines de leur vie, à aiguiser leurs sirventes, à conter leurs *fabliaux* et *ysopets*, ils imitèrent, sans effort, ce qui se faisait en l'honneur de Dieu, de la Vierge et des Saints. Ils rimèrent assez mal d'abord, suivant le modèle de l'*Ave Maris stella*, ou du *Victimae Paschali laudes*, ou du *Salve regina* (hymne, prose et antienne du dixième siècle); puis mieux; puis bien ; puis trop.

Pour désigner ce travail agréable, ils se servirent des mots *rythmare* et *rythmus*, arrangés à la française *rimer*, *rime* ; et dès lors, versifier s'appela : « trouver des rimes ».

CHAPITRE III.

HISTOIRE DE LA RIME DU ONZIÈME AU VINGTIÈME SIÈCLE.

Rimes latines et romanes. — Assonance et rime. — « Art confus de nos vieux romanciers. » — Rimes doubles, classiques, modernes.

I.

AINSI donc, la rime française ne nous vient point des Arabes, comme nous en viennent, paraît-il, les horloges ; vous vous souvenez du cadeau que fit Haroun-al-Raschid au grand Empereur à la barbe fleurie. La rime française ne nous vient pas davantage des Troubadours, Cantadours, Musars et Violars, qui jouaient de la vielle aux échos des Pyrénées, dans les environs de Roncevaux, d'où Roland avait sonné du merveilleux olifant que l'on avait ouï à trente lieues.

Il y a beau temps — un siècle et demi — que les doctes Bénédictins de Saint-Maur ont réfuté ces rêveries du docte évêque d'Avranches et de l'académicien Guillaume Massieu, lequel probablement copiait Mgr Huet ; car il y a des copistes, même à l'Académie — du moins, il y en a eu.

Ces idées sur l'origine de la rime, disent les Bénédictins, ne se peuvent soutenir ; vu que « la rime étoit introduite dans la Poésie latine comme dans la tudesque, » avant que les Troubadours, Cantadours, Musars et Violars eussent commerce avec les Arabes. Ici, je voudrais voir les Bénédictins de Saint-Maur avancer un bataillon carré de preuves, comme ils savent le faire. Ils ne daignent. Mais par contre, ils affirment ceci, que j'ai hâte de cueillir :

> Il resteroit maintenant à sçavoir d'où nos premiers Rimeurs ont tiré leur exemple et modèle. S'il faut nous expliquer sur cette question, il ne nous paroît rien de plus vraisemblable, ni même de mieux fondé, que d'en rapporter l'origine à ces consonances qui se glisserent d'abord insensiblement, et qu'on affecta ensuite dans les écrits latins, parce qu'elles flattoient l'oreille du Lecteur ou de l'Auditeur, et qu'elles lui faisoient plaisir. Dès le cinquième siècle, elles étoient fort communes, et passoient comme à la mode (1).

Cette affirmation des Bénédictins de Saint-Maur, qui confirme les nôtres, me rappelle (et je ne veux pas l'oublier) que V. Hugo a décoré le nom de ces dignes moines de l'une de ces rimes extravagantes, dont il a le secret et qui lui tiennent souvent lieu d'idées. En contant l'histoire de la rime, les moines de Saint-Maur ignoraient pour sûr qu'on rimerait si richement et si drôlement sur leur compte. Hugo, dans une des innombrables pages qui ne lui coûtent rien, énumère pêle-mêle les poètes ses frères, les « poètes sereins », qui sont aussi les « frères de l'aurore »,

> Faits de la même pourpre et dorés du même or,
> La congrégation des Pères de Saint-Maur,
> La grâce, le péché, l'oraison impétrante,
> Les vingt-cinq sessions du concile de Trente...

1. *Histoire littéraire de la France*, t. VI, p. 56.

et cela continue (¹). Sautons à pieds joints, et remontons, avec les Bénédictins historiens de la rime, au dixième siècle et par delà. Selon les Pères de Saint-Maur, nos aïeux avaient d'abord remarqué et goûté les rimes, qui sonnent à tout propos, dans « la plupart des Collectes ou Oraisons de la Liturgie. » Ils n'osent indiquer que très timidement les *Proses* et *Hymnes*, d'où « plusieurs sçavants » estiment que l'on apprit à rimer en français. Ces *sçavants*-là n'ont point tout à fait tort : mais ce dont peu de savants se doutent, c'est que, dans l'Église grecque, comme dans la latine, dès le cinquième et le sixième siècle, quelque cent ans après saint Chrysostome, on rimait les chants liturgiques.

Aujourd'hui, les Hellènes, arrière-petits-neveux d'Homère et de Pindare, alignent des rimes d'or, tout ainsi que les barbares d'Occident : et j'ai là, sous les yeux, des rimes très riches d'Alexandre Soutzos, qui valent beaucoup mieux que celles du bonhomme Strepsiade, dans les *Nuées* d'Aristophane (²).

Χώρα μεγαλοφυίας ! εἰς τοὺς κόλπους σου τὸ πάλαι,
ὦ πατρίς μου, αἱ ἰδέαι ἀνεβλάστανον μεγάλαι ;
Καὶ τυραννοκτόνον ξίφος κρύπτοντες εἰς τὰς μυρσίνας
Οἱ Ἁρμόδιοι ἀνώρθουν ἰσονόμους τὰς Ἀθήνας...

Ce grec-là sent un peu trop le chauvinisme révolutionnaire et imbécile ; mais il est rimé comme le *Navarin* de V. Hugo, et comme la

---

1. *Dieu*, pp. 77-78.
2. Vers 711-715.

ballade de l'Enfant Hellène : *Les Turcs ont passé là...*

Depuis le très illustre bénédictin Dom Pitra, il est acquis à la science que les vieux mélodes grecs chrétiens aimaient les rimes, autant que nos mélodes d'Italie et des Gaules. Romanus, qui semble avoir vécu vers la fin du cinquième siècle, rime ses chants d'église, tantôt en rimes plates, tantôt en rimes croisées. Je n'en veux citer qu'un tout petit échantillon, que j'emprunte au Cantique de la *Trahison de Judas*. Le mélode y chante la bonté du Sauveur, lavant les pieds du traître et le nourrissant du « pain mystérieux » de l'Eucharistie :

Ὕδασι πόδας ἀπένιψας
Τοὺς δραμόντας εἰς τὴν προδοσίαν σου,
Καὶ μυστικῇ βρώσει διέθρεψας
Τὸν ἐχθρὸν τῆς εὐσπλαγχνίας σου ([1]).

Ne nous attardons point chez les Grecs, par crainte de réveiller l'ombre de Trissotin. Répétons, en courant, que, chez nous, « au septième et au huitième siècle, c'était en latin qu'on écrivait même les chansons »; et que « ces chansons étaient rimées : ce qui était, dit M. Villemain, le cachet moderne mis sur l'idiome antique ([2]) ». Répétons, avec un autre académicien, que « le vers français est né, comme la langue même, du

1. V. *Analecta sacra*, pp. 92-100 ; et l'excellente étude de M. Henri Stevenson, sur l'*Hymnographie dans l'Église grecque*, dans la *Revue des Questions historiques* (1er octobre 1876).
2. *Cours de littérature française*, tableau de la Litt. au moyen âge, t. I, p. 207.

latin populaire. Ce qui n'était d'abord qu'une fantaisie de l'oreille, a fini par devenir un besoin impérieux et par se transformer en loi. Il n'est donc pas nécessaire de chercher d'autre origine à la rime ; elle est née du sein de la poésie latine dégénérée. » Tel est l'avis de M. Ampère, et c'est l'avis de tout le monde (¹) ; car enfin aujourd'hui, « les érudits (sont) unanimes à reconnaître les origines de notre versification dans la poésie latine rimée ou accentuée (²). »

Parcourez, si le cœur vous en dit, les *Poésies populaires latines antérieures au douzième siècle*, recueillies, voilà cinquante ans, par M. Edelestand du Méril ; voyez comme tout cela est rimé et comme tout cela ressemble fort à ce qui sera plus tard le vers français. Lisez, entre autres, le Chant de la bataille de Fontenay (841), le Chant des soldats de Louis II (871), les Chants ou complaintes des Croisés sur Jérusalem (³) ; et dites-vous bien ceci : Nos poètes guerriers rythmaient à l'exemple de nos poètes d'église ; ils rimaient contre les mécréants, et ils songeaient à les pourfendre, beaucoup plus qu'à s'en aller, sans rime ni raison, interroger ces maudits sur les secrets de la rime, par delà les Pyrénées et l'Adour.

Ce n'est point ici le lieu d'établir que tout le vers français, comme la rime, vient du latin

---

1. *Hist. litt.*, p. 436.
2. Ch. Aubertin, *Op. cit.*, p. 194.
3. Id., *Les Origines de la langue et de la poésie française*, 1874 ; pp. 109-110.

populaire et des hymnes d'église. Un mot seulement là-dessus, à vol d'oiseau ; sans nous mêler d'examiner à la loupe si l'alexandrin vient de l'asclépiade, ou de l'alcaïque, ou du saphique, ou d'autre chose. Notre alexandrin, avec l'hémistiche, avec ses douze pieds, avec la rime, existait, en latin, dès le septième siècle. Lisez cette belle ode latine à la louange de Rome ; ode qui se chantait, un siècle avant que notre Charlemagne allât se faire couronner au *Montjoie* du Vatican :

> O Roma nobilis, orbis et domina,
> Cunctarum urbium excellentissima,
> Roseo martyrum sanguine rubea,
> Albis et virginum liliis candida,
> Salutem dicimus tibi per omnia...

Ne dirait-on pas que l'auteur de cette chanson très chrétienne, écrite vers le temps de Dagobert, avait été à l'école de Malherbe, et avait lu le premier chant de *l'Art poétique ?* Partout le sens coupe les mots au sixième pied, et pas un hiatus, pas une syllabe trop hâtée. Franchement, nos petits renouveleurs de l'art et inventeurs de petits moules tout neufs, seraient bien ébahis, si on leur disait : Le vieux moule de l'alexandrin de Boileau a douze cents ans d'âge ; faites-en qui durent comme celui-là !

Quant aux vers de dix pieds, tant aimés de nos aïeux, en voici, avec leur césure au quatrième pied et leurs rimes, qui furent chantés au onzième siècle, à la mort de Guillaume le Conquérant :

> Flete viri, lugete proceres;
> Resolutus rex est in cineres,
> Rex editus de magnis regibus,
> Rex Guillelmus, bello fortissimus (1)...

Récitez maintenant le *Victimae paschali laudes;* vous y trouverez, avec les rimes, des vers de huit pieds, de sept, de six et de quatre; ce sont des vers libres, d'allure toute française: nos premiers rimeurs n'avaient qu'à imiter et calquer; c'est ce qu'ils firent de leur mieux.

Disons tout de suite que nos premiers rimeurs, comme pour ne pas laisser oublier que la rime, le vers, la langue dérivent en droite ligne du latin, eurent soin d'entremêler assez souvent les rimes latines et les françaises; un peu à la façon d'un personnage du *Roman de Renart*, messire Grimbert le blaireau, lequel reçoit la confession de son scélérat de cousin Goupil, et qui, octroyant l'absolution à ce singulier pénitent, parle

> Moitié romanz, moitié latin.

II.

Quand nous étions écoliers, au beau temps de jeunesse folle, nous savions, peut-être mieux que nos leçons sérieuses, les couplets *farcis*, que l'on se passait de génération en génération, et que tout le monde comprenait; fût-on encore aux prises avec les épines de *Rosa, Rosae*.

---

1. Edel. du Méril, *Poésies popul. lat.* etc.

> Voici les vacances
> *Denique tandem ;*
> Et nos pénitences
> *Habebunt finem...*

Ces rimes avaient cours, dès le onzième siècle : les premiers *Mystères*, qui étaient des spectacles d'église, en étaient émaillés. Je ne vous citerai point en exemple la prose de *Sire Ane :* il n'est personne de mes lecteurs qui ne connaisse ces strophes en l'honneur d'un bel âne, qu'on affublait d'une belle chape, et que l'on saluait d'un : *Hé, sire Ane, hé !* bien des fois répété. L'un des premiers drames sacrés, et des plus fameux, celui des *Vierges folles et des Vierges sages*, offre un curieux mélange de ce genre-là. Le Sauveur rime volontiers en latin ; vu que c'est un parler plus digne ; les Vierges sages riment en langue d'oil ; les folles pleurent leur faute en refrains lugubres, dont les consonances sonores sont empruntées à la langue d'oc. Notez que cela se joue et se chante dans les cathédrales. Tandis que « de toutes parts accourent, de derrière les piliers où ils se tenaient cachés, masqués de masques hideux, avec de grandes oreilles et des cornes au front, vêtus de peaux de bête », les clercs du dernier ordre représentant les diables ([1]), sous les voûtes éclatent ces rimes effrayantes — que les fidèles écoutaient et retenaient avec componction :

---

1. Marius Sepet, *Le Drame chrétien au moyen âge*, p. 119.

> Alet, chaitivas; alet, malaureias!
> A tot jors mais, vos son penas livreias,
> E en efern ora seret meneias.

Ailleurs, toujours aux onzième et douzième siècles, les rimes latines et françaises se mêlent, au grand agrément et à la très grande édification de l'assistance. Ainsi dans ce Jeu pascal de la *Résurrection de Lazare*, la pauvre Madeleine se lamente sur le trépas de son frère, en rimes *farcies* :

> *Facta sum misera,*
> *Et soror altera,*
> *Per fratris funera ;*
> Hor ai dolor,
> Hor est mis frere morz ;
> Por que gei plor.
> Lase, chaitive,
> Dès que mis frere est morz,
> Por que sui vive ?

Et les bonnes gens, qui avaient ouï ces belles choses, s'en allaient répétant ces refrains à doubles rimes, pour le bien de l'âme et pour le plaisir de l'oreille. Puis, sur ce modèle, on rimait des couplets un peu plus gais, en langue vulgaire, chantés sur le même air; car « la musique des hymnes de l'Église fut longtemps la seule qui servît aux chansons profanes [1]. »

Même aux chansons à boire : car il y avait (ô néo-gaumistes, voilez-vous la face!), au moyen âge, des buveurs de vin, de cervoise et godale, d'hydromel, et autres liqueurs fort appréciées.

---

1. *Histoire littér. de la France*, t. XXII, p. 133.

Et pour célébrer la *beuverie*, on rimait « moitié romanz, moitié latin » : témoin, la fameuse chanson du *Laetabundus*, où l'amateur de *cerveyse* dit à ses compaings :

> Bevez bien et bevez bel ;
> Il vous vendra del tonel
> *Semper clara.*
> Bevez bel et bevez bien ;
> Vos le vostre et jo le mien,
> *Pari forma* (1)...

Les rimes latines et françaises allaient de pair dans les fêtes religieuses, dans les ébattements des Escholiers, et par suite dans toute la littérature de nos aïeux. Mais de ces deux sœurs et compagnes, l'une était plus riche, plus forte que l'autre : c'étaient le pot de fer ou de cuivre, et le pot de terre. Expliquons-nous. Aux dixième et onzième siècles, la rime française n'est d'ordinaire que l'assonance, cette « rime populaire », dit M. Léon Gautier ; en attendant la consonance, ou rime aristocratique, la vraie rime. Les rimeurs latins font entendre chacune des lettres finales ; ce que nos premiers rimeurs français font sonner, c'est seulement la dernière syllabe accentuée du mot latin qui se transforme en français : par exemple, *u* dans *luna, pluma :* d'où il suit que, pour eux, comme pour l'ami Pierrot, *Au clair de la lune* rime avec : *Prête-moi ta plume.* Dans la prononciation, la voix appuyant sur la syllabe

---

1. *Ibid.*, p. 140.

marquée de l'accent latin, *lu, plu,* néglige ce qui suit, ou ne s'en occupe guère. Cette rime est faite d'après le même principe que le mot lui-même. Le mot français s'arrête à la voyelle accentuée du latin : sur elle aussi la rime tombe, avec la voix du chanteur et la note de l'instrument dont le *trouveur* s'accompagne.

Car les vers français, non moins que les premiers vers de toute langue et idiome, étaient chantés ; et quand le poète ou le jongleur chantait une œuvre de longue haleine, une *Chanson de geste,* il avait soin d'insister sur la rime, encore vague et indécise ; il la répétait dix, quinze, vingt fois ; autant de fois qu'il y avait de cordes à la harpe des ménestrels, — il y en avait ordinairement deux douzaines, — ou beaucoup plus encore. Cette assonance, à force d'être répétée, « finissait par constituer la syllabe dominante du vers ([1]) ». De là, ces *lesses* ou tirades épiques de nos bonnes vieilles épopées ; soit, par exemple, cette *lesse* superbe et douloureuse qui pleure et venge la mort de Roland : l'assonance porte sur l'*u* final ; le reste ne compte pas.

> Ço sent Rollanz qui s'espee li tolt,
> Uverit les oilz, si li ad dit un mot :
> « Men escientre ! tu n'es mie des noz ! »
> Tient l'olifant, que unkes perdre ne volt,
> Si l' fiert en l'helme, ki gemmez fut ad or,
> Fruisset l'acer e la teste e les os,
> Amsdous les oilz de l' chef li ad mis fors,

---

1. Le Goffic et Thieulin, *Nouveau Traité de versif. franç.,* 2ᵉ édit., p. 54.

> Jus a ses piez si l'ad tresturnet mort.
> Après, li dit : « Culvert ! cum fus si os
> Que me saisis, ne a dreit ne a tort ?
> Ne l'orrat hom ne t'en tienget pur fol.
> Fienduz en est mis olifans el gros,
> Ça juz en est li cristals e li ors. » AOI.

J'ai choisi des rimes masculines ; les autres sont moins fréquentes ; par la raison qu'elles sonnent moins, étant plus sourdes. Les masculines, au son plein et ferme, concordent mieux avec la note finale de la viole.

A mesure que l'art se développe et que l'instinct musical du trouvère s'affine, la rime se renforce ; c'est spécialement à la rime que, d'après M. Léon Gautier, qui a débrouillé l'art, confus ou non, de nos vieux romanciers, avec tant d'amour, l'on reconnaît la date des *Chansons de geste*. « On peut, dit-il, partager les *Chansons de geste* en trois groupes. Le premier se composerait de chansons assonancées ; le second, de chansons où l'on peut constater la lutte entre l'assonance et la rime ; le troisième, enfin, de chansons tout à fait rimées (¹). » — Pourtant, malgré le respect que je dois et que je rends au très chevaleresque auteur de la *Chevalerie*, je n'oserais affirmer que cette classification est très rigoureuse. Dans les Romans du bon chanoine Wace, il y a de vraies rimes ; et dans la *Chanson de Roland*, dont le texte connu est à peu près de la même époque, il n'y a rien que des assonances. Un peu plus tard, voici des rimes plus

---

1. *Les Épopées françaises*, 2ᵉ édit., t. I, p. 335.

exactes, dans le *Couronnement Looys*, la *Prise d'Orange*, les *Enfances Vivien;* ensuite viennent des poèmes, où les auteurs tâtonnent et hésitent, ornant tel couplet de la rime, cousant à tel autre de simples assonances ; ainsi *Ogier*, *Raoul de Cambrai*, et *Amis et Amiles*, cette œuvre d'une poésie attachante comme l'amitié, pure et fleurie comme une légende du ciel.

Les modestes Homères de ces *Gestes* nationales et chrétiennes, dont le sujet vaut plus d'une fois toutes les *Iliades*, s'accordent des licences, que n'aurait point désavouées le grand aveugle leur ancêtre.

Le chantre d'Hector allonge ou raccourcit les mots, selon la cadence et la mesure ; il glisse (pardon d'être pédant) à travers ses hexamètres réguliers, un *lagare*, un *miure*, un *acéphale;* quand il lui manque une syllabe pour un dactyle boiteux, il intercale un *ra* qu'il taille dans la conjonction *ara;* et tout marche, coule, chante, à l'ébahissement des critiques, et des Bitaubé de collège. Nos braves trouvères s'octroient des franchises pareilles, lorsqu'il s'agit des rimes. Quand ils n'en ont point à leur service, ils en inventent ; ils jouent avec la prononciation et ils se moquent de l'orthographe. Au surplus, qui les en empêche ? Ils sont créateurs, dans toute la simplicité et force du terme ; ils n'ont à consulter ni à craindre la dernière édition de Bescherelle, ou de l'Académie.

Non seulement, chez eux, *France* rime avec

demande, et *péril* avec *chérubin;* mais nos primitifs prennent d'autres libertés! En ce temps-là, « tout rimait, ou du moins les poètes se donnaient la licence de faire tout rimer, en corrompant, selon le besoin, la terminaison des mots. Ils faisaient rimer *Pierre* avec *pardon*, en disant: *Pierron;* *Charles* avec *repos*, en prononçant: *Charlos*... Jean de Meung a fait rimer *aime* avec *vilain*, en changeant le premier mot en *ain :*

> Gentillesce est noble, et si l'ain,
> Qu'el n'entre mie en cuer vilain.

« Un autre fait rimer *royaume* avec *maison*, en écrivant *roion* (1). »

De vrai, j'aime autant cette audace orthographique des primitifs que celle de Hugo inventant un *chéroubime*, par l'unique raison qu'il lui faut une rime riche à *abîme ;* oyez cette plaisante trouvaille :

> Jean, interlocuteur de l'oiseau Chéroubime,
> Et vous, poètes, Dante, homme effrayant d'abîme (2)...

La seule différence entre ceci et cela, c'est que cela est naïf, et que ceci est ridicule.

Les rimeurs du bon vieux temps avaient une autre corde à leur *guiterne*. Vrais chrétiens, — chose en quoi Hugo n'eut point la faiblesse de leur ressembler, — ils invoquaient, non point

---

1. V. Daunou, *Discours sur l'état des lettres au treizième siècle*, p. 404-405.
2. *Dieu*, p. 18.

« l'oiseau Chéroubime », mais les véritables Anges et les Saints authentiques, dans leurs *Chansons;* et, à ce saint jeu, ils se fournissaient de rimes aussi variées qu'édifiantes :

> Les trouvères, dit M. Léon Gautier, éprouvèrent le besoin, pour chacun de leurs couplets, d'avoir à leur disposition le nom d'un saint qui leur offrît une rime convenable. On avait *saint Richier* pour les couplets en *ier; saint Denis* pour les couplets en *i; saint Léonard* pour les couplets en *art*...

Et ainsi de suite pour les autres benoîts saints de Paradis (1). De cette sorte, la *Chanson de Roland* a tel couplet en *el* et *et* pour rimer avec l' « Angle Gabriel » ; et non loin de là, un couplet en *i*, pour rimer avec sainte Marie, ou même avec « mun Seignor seint Denise. »

III.

C'est le triomphe de l'assonance, qui fut la rime surtout du onzième siècle et du Cycle Carlovingien ; et c'est où le savant Littré affirme un peu trop, lorsqu'il affirme ce qui suit : « On sait que le système des assonances fut abandonné comme insuffisant pour l'oreille, dans le courant du douzième siècle, et qu'alors la culture poétique s'étant raffinée, la rime exacte fut exigée (2). »

Cette formule *On sait,* par où Littré commence sa phrase, est commode ; mais personne

---

1. L. Gautier, *La littérature catholique et nationale*, p. 155.
2. *Histoire de la Langue française*, 6ᵉ édit., t. I, p. 178.

n'ignore que, chez les savants, *On sait* veut dire : Vous autres, vous ne savez pas. Quoi qu'il en soit, ce que dit Littré est en partie certain, en partie douteux. A quelle date la consonance exacte a-t-elle remplacé l'assonance ? Cela ne s'est point fait à une date ; cela s'est fait peu à peu, ainsi que se font les belles et bonnes choses qui durent. Littré précise un peu moins et parle plus juste, dans la préface de son gros Dictionnaire : « Le sentiment qui avait amené l'assonance ne tarda pas à se montrer plus exigeant ; et dès le douzième siècle, la rime complète, exacte, devint une loi impérieuse de la versification ; si bien qu'à cette époque on remaniait les anciennes compositions, pour les mettre au goût du jour... » (XLIII.)

Ce soin et cette recherche de la rime complète marque déjà une première Renaissance littéraire et poétique. Dorénavant, on abandonnera l'assonance aux ménestrels de bas lieu, aux rimeurs de balle, qui amusaient à peu de frais les gens de rien. En attendant les derniers jours du dix-neuvième siècle, où certains « jugleors » du *symbole*, et les chefs de la ménestrandie décadente, reviendront à l'enfance de l'art, et préféreront la nuance à la couleur, le grelot de tôle à la cloche d'argent, l'assonance à la rime, on laissera cette rime du pauvre aux productions qui n'ont rien de commun avec la littérature.

Les couplets qu'on chante après boire, ou plutôt en buvant, ce que les enfants chantent en rond, tout ce qui s'accompagne du mirliton ; bref, les poèmes qui ne dépassent point les très humbles hauteurs de la complainte de *Fualdès*, ou du *Juif errant*, ou de *Marlborough*, peuvent se contenter de ces « rimes de goret » ; cela ne tire pas à conséquence. Vous vous souvenez sans doute de ces deux quatrains du *Juif errant* :

> Entrez dans cette auberge,
> Vénérable vieillard ;
> D'un pot de bière fraîche
> Vous prendrez votre part...
>
> J'ai vu dedans l'Europe,
> Ainsi que dans l'Asie,
> Des batailles et des chocs
> Qui coûtaient bien des vies...

Ces rimes de *auberge* et *fraîche*, de *Europe* et *chocs* conviennent à l'odyssée d'Isaac Laquedem, lequel n'a jamais que cinq sols en poche, et dont l'histoire lamentable tient en une page rouge et bleue d'Épinal qui coûte deux liards.

Toutefois, si vous rencontrez un décadent, un symboliste, un *verlainien* quelconque, prenez garde de rire à cette chute d'*Europe* et de *chocs*. Le verlainien vous honorera d'un haussement d'épaules ; ou, s'il daigne répondre, il vous écrasera d'un : « C'est précisément le comble de l'art de demain » ; et d'un : « Le maître l'a dit ! » Car le maître a dit que ces rimes sont merveilleuses. Croyez-en M. de Souza, écho du maître : « Musicales et d'un art parfait sont ces riches assonances de M. de Régnier : *lèvres* et *brèves*, *fleuves* et *pleures*, *silences* et *lentes*, *fanfares* et *graves* ... »

Et lui, le maître, rime quand il lui plaît dans ce goût de l'art parfait; témoin cette stance, détachée d'une de ses odes; il y célèbre le chant des Boulangistes *Gais et contents :*

> Il est le rythme, il est la joie,
> Il est la revanche essayée,
> Il est l'entrain, il est tout, quoi !
> Jusqu'au juron luron qui sied.
>
> Sa gaîté qui rit d'elle-même
> Et du reste en passant se moque
> Pourtant veut bien dire : Tandem !
> Et vaticine le grand choc.

N'est-ce pas musical et d'un art parfait ? Que si vous n'êtes point convaincu par Verlaine et M. de Souza, lisez quelque chose (oh ! le moins possible, et en choisissant l'endroit, car ces messieurs ne traitent pas mieux la morale que la prosodie) parmi les poèmes du premier décadent de France et de Belgique ; par exemple, ce morceau que la *Revue des Deux Mondes* servait naguère à ses abonnés : il s'agit de je ne sais quelle ville où se promène l'imagination de M. Henri de Régnier :

> On a jeté les clefs au fond de la citerne ;
> Sois maudite à jamais si la peur te referme ;
> Sois béni, noir portail, qu'entrant nous saluâmes.
> Les coffres durs pesaient à l'échine des ânes.

De vrai, l'auteur du *Juif errant* a de quoi être jaloux de cet art de demain. Mais cet art *in fieri* est celui d'il y a huit cents ans, quand on bégayait encore en France les premiers vocables de la langue vulgaire et maternelle. Vers le temps de la seconde Croisade, on rechignait déjà sur ces rimes par à peu près; dans le règne de Philippe-Auguste et de saint Louis, les auteurs de lais, fableaux, retroenges et autres menues inventions, auraient eu honte de s'en contenter.

A la fin du douzième siècle, les poètes de la *Chanson d'Antioche* et de la *Bataille d'Aliscans*, qui sont nos deux plus nobles épopées après la *Chanson de Roland*, rimaient aussi exactement que le très pauvre poète de la *Henriade*. Détachons cette lesse de la *Chanson d'Antioche* qui raconte comment le seigneur Pape Urbain II, « l'apostole de Rome », bénit les preux chevaliers

De France, d'Engleterre et tote Normandie,

qui venaient de prendre la croix, en criant que *Diex le volt :*

Seigneur, or faites pais ! que Diez vos bénéie !
Ce fu un jour de mai que chascuns oisiaus crie,
Que li rossignaus chante, et la merle, et la pie,
Et l'aloe s'en voise en l'air à vois serie,
Que li bos est ramés et vers la praérie.
A Clermont en Auvergne fu la chevalerie
De France, d'Engleterre, et tote Normandie,
Et prince, et duc et comte, chascun à sa maisnie.
L'Apostole de Rome, quant la messe ot finie,
Issi fors del castel enmi la praérie ;
Tout se furent assis sur l'herbe qui verdie.
Seigneur, or faites pais ! que Diex vos bénéie !

N'est-ce pas que ces alexandrins du douzième siècle, à l'allure bien française, riment aussi richement que ceux de l'épique M. de Voltaire.

chez qui l'on perdrait sa peine à chercher douze vers d'une aussi simple et franche poésie!

A mesure que notre langue se dégage des langes de la latinité, les consonances se fortifient, et les rimes plus précises flattent, selon l'expression de Boileau traduisant Horace, l'oreille qui s'épure.

Le nom de Boileau arrive juste à point au bout de ma plume, pour me servir de transition — chose qui est, au dire de Boileau, presque aussi malaisée à trouver qu'une rime. Boileau eut un grand tort dans sa *Poétique*. Ce maître de sagesse, quand il s'agit de raisonner, de critiquer, d'avertir le poète imprudent et étourdi qui court à bride abattue au bord des fondrières, ce maître si raisonnable quand il rime ses propres idées, chope lamentablement dès là qu'il s'aventure sur le terrain de l'histoire. Et il commet, en bonnes rimes, une large bévue, lorsqu'il prétend que le caprice tout seul faisait toutes les lois poétiques, durant les siècles grossiers du moyen âge.

> La rime, au bout des mots assemblés sans mesure,
> Tenait lieu d'ornement, de nombre et de césure.

Autant de mots, autant d'erreurs, ou même un peu plus. En France, on n'a jamais aimé l'arbitraire; fût-ce en législation du Parnasse; nous avons toujours exigé en tout des lois sûres, certaines, minutieuses. Les trouvères n'étaient point livrés au caprice; ils obéissaient à un code rédigé et fixé de très bonne heure: ils assemblaient les mots selon une mesure et un nombre parfaitement déterminé de syllabes. Et jamais ils n'auraient eu l'idée folle des Verlaine quelconques d'aligner plus de douze syllabes dans un alexandrin ; ou de planter à travers ces syllabes des césures qui gênent la symétrie; ils ne connaissaient, comme Boileau, que deux césures bien définies et essentielles : une pour l'alexandrin, l'autre pour le *vers commun* ou de dix syllabes.

Et « quant à la rime, — c'est Littré qui prononce contre Boileau, — quant à la rime, nous n'avons rien innové (¹) ». Une seule règle s'ajouta un peu plus tard aux règles primitives ; savoir, l'entrelacement des rimes, dont on soupçonna le charme, sous le règne de Philippe-Auguste, aux environs de Bouvines. Quand saint Louis bâtissait la Sainte-Chapelle, autour de laquelle Despréaux devait bâtir son *Lutrin*, tous les principaux secrets du vers français étaient connus. La législation, dont les Cujas à venir seront tour à tour Ronsard, Malherbe et Boileau, n'aura plus à définir, régler ou changer que des points de détail. Selon toute apparence, aucun de ces trois législateurs ne s'en douta ; et le même Despréaux, qui se vantait de sa parenté avec messire Étienne Boyleaux, prévôt de Paris, sous saint Louis, ne feuilleta jamais les poèmes des douzième et treizième siècles dont il médit(²).

S'il avait eu l'occasion et le courage d'y pro-

---
1. *Préface, ibid.*
2. V. Ch. Aubertin, *op. cit.*, t. I, p. 154.

mener le regard, il aurait, à son grand étonnement, constaté d'abord que nos *vieux romanciers* ne rimaient pas beaucoup plus mal que Molière ; ensuite, qu'ils se soumettaient fidèlement aux règles que la raison et le plaisir de l'oreille leur avaient enseignées.

Chez Robert Wace, le premier des trouvères chroniqueurs, qui composa ses romans de *Rou* et de *Brut*, au milieu du douzième siècle, les vers riment deux à deux, comme les alexandrins classiques. Il n'est pas un homme d'esprit, ni un bachelier, qui n'aient lu ce passage, où le bon chanoine de Bayeux narre la bataille d'Hastings et le bel exploit du haut baron et excellent barde normand Taillefert, qui *cantait* moult bien et qui pourfendait non moins bien les Saxons d'Angleterre :

> Taillefert ki moult bien cantait,
> Sur un ceval ki tost allait,
> Devant le duc allait cantant
> De Karlemaine, de Rollant,
> E d'Oliver et des vassaux
> Ki morurent a Renchevaux (1).

Chrestien de Troyes, le plus célèbre auteur des contes rimés de la Table ronde, rime aussi au douzième siècle, des vers qui vont deux à deux et qui parfois alternent les rimes ; ceux-ci entre autres, qui sont pris dans le *Chevalier au Lion :*

---

1. *Roman de Rou*, vers 13149. — Faut-il appeler Wace *Robert*, ou *Richard ?* L'aimable et si docte érudit M. Tamizey de Larroque veut bien nous avertir que *Richard* est beaucoup plus vraisemblable, ou presque certain, malgré les dictionnaires. Son avis est pour nous d'un grand poids, et nous l'en remercions sincèrement.

> Li bons rois Artus de Bretagne
> La qui proece nous ensagne
> Que nous soions prou et courtois,
> Tint cort si rice come rois,
> A une feste qui tant coste
> Qu'on doit clamer li Pentecoste...

Dans le *Saint-Graal*, les vers riment deux par deux, trois par trois ; dans le roman de *Tristan*, on en trouve qui riment gentiment quatre par quatre ; ce sont de petites lesses, à côté des grandes — lesquelles continuent de s'allonger, qui plus qui moins, au gré du poète, non pourtant sans mesure. L'usage d'alterner les rimes dans les *Chansons de geste* devient presque une loi, à la fin du treizième siècle, après l'exemple donné par Adenès le Roi, le très illustre chantre des *Enfances Ogier* et de *Berte aus grans piés*.

Les *Mystères* se déroulent en rimes plates, suivant le modèle auquel se conformeront les tragédies que Boileau et Louis XIV applaudiront. Écoutez tel dialogue d'*Eva* et de *Diabolus*, ou la tentation d'Ève, dans le *Mystère d'Adam*, œuvre du douzième siècle, en dialecte normand :

> Eva. Bien te pois creire a ma parole.
> Diab. Tu as esté en bone escole ;
> Jo vi Adam, mais trope est fols.
> Eva. Un poi est durs. Diab. Il sorra mols ;
> Il est plurs dors que n'est emfers.
> Eva. Il est mult francs. Diab. Ainz et mulz sers.
> Cure ne volt prendre de soi :
> Car la prenge sevals de toi !
> Tu es fieblette e tendre chose
> E es plus fresche que n'est rose ;
> Tu es plus blanche que cristal,
> Que nief qui chiet sor glace en val...

Ève se laisse prendre à ces compliments : ils sont débités en si jolies rimes ! Les *Fabliaux* sont également en rimes plates. Relisez les gracieux *Ysopets* de Marie de France : et d'abord, celui du Loup et de l'Agneau :

> Ce dist (¹) dou leu et dou agnel,
> Qui beveient à un rossel :
> Li lox à la sorse beveit,
> E li aigniaus aval esteit...

Quant aux autres menus poèmes, chansons, pastourelles, lais, sirventes, les auteurs leur donnent les formes à la fois les plus variées et les plus régulières. Ils adoptent et façonnent leurs mètres pour un premier couplet ; et, cette forme établie, ils y restent aussi fidèles que Jean-Baptiste Rousseau le sera aux siennes. Ici et là, les strophes sont monorimes, avec un refrain différent ; telle est une charmante complainte du douzième siècle, où la sainte Vierge pleure la mort de son divin Fils :

> Je plains et plor come feme dolente,
> Quar j'ay perdu ce que plus m'atalante ;
> A grant tristour fûie est ma jouvente :
>   Sans nul confort,
> Triste sera ma vie jusques à la mort...
>
> Beau dous cher fis, voś deinaistes decendre
> Dou ciel en moy et char umaine prendre.
> Por vostre mort bien me doit li cuer fendre.
>   Sans nul confort,
> Triste sera ma vie jusques à la mort (²).

---

1. Sous-entendez : *Ésope*.
2. Cité par Merlet, *Origines de la littérature française : Poésie*, p. 106.

Ailleurs, les strophes s'en vont sur deux rimes masculines entrelacées, comme la *Chanson de la Croisade*, chanson très chrétienne et française, composée vers 1146, quand saint Bernard appelait le roi et les barons au service du Seigneur qui « en la cruz deignat pur nus murir ».

Au douzième siècle, les poètes lyriques avaient déjà le sentiment ou l'instinct musical des syllabes fortes et faibles, si délicat, qu'ils en tiraient des effets gracieux, tendres, d'une harmonie que peuvent encore admirer les héritiers de Lamartine, ce remueur de syllabes d'or et de cristal.

Les chansonniers du treizième siècle se firent une loi de l'alternance ; ainsi qu'on peut le voir dans les œuvres de Quesnes de Béthune, du châtelain de Coucy, et de la dame du Fayel. Voyez-en un échantillon chez Thibaut de Champagne :

> Au ri nouveau de la doulsour d'esté,
> Que reclaircit ly dois a la fontaine,
> Et que sont verds bois et verger et pré,
> Et ly rozier en Mai florit et graine...

Après les vers du grand seigneur, citons un couplet du ménestrel Colin Muset, qui se plaint en rimes redoublées des infortunes de la *Vie de Ménestrel*, et de ce qu'un sire comte n'a rien mis dans son aumônière :

> Sire Cuens, j'ai vielé
> Devant vous, en vostre osté ;
> Si ne m'avez riens doné,
> Ne mes gages aquité ;
>   C'est vilainie ;

> Foi que doi sainte Marie !
> Ainc ne vos sievrai je mie.
> M'aumosniere est mal garnie
> Et ma malle est mal farsie.

Cela continue, sur ces deux rimes, au long de cinq jolies strophes, où Colin rit d'un œil et pleure de l'autre. Voici qui est plus frais d'inspiration : une vraie mélodie en rimes fortes et faibles, sur le thème mille et mille fois rebattu du printemps. Elle est de Maurice de Craon, chansonnier du douzième siècle :

> Al entrant del douz termine
>   Del temps nouvel,
> Que naist la flour en l'espine,
>   Et cist oisel
> Chantent parmi la gaudine,
>   Seri et bel (1)...

Pour finir et pour prouver que, dans ces siècles *grossiers*, on comprenait et sentait l'harmonieux tintement des rimes fortes et faibles, citons encore un tout petit couplet d'un autre ménestrel, Monot d'Arras ; il s'agit toujours du renouveau :

> Ce fust en Mai,
>   Au dous tems gai
> Que la saisons est belle ;
>   Main, me levai,
>   Joer m'alai
> Lez une fontenelle
>   En un vergier
>   Clos d'églantier (2)...

---

1. V. *Histoire littéraire de la France*, t. XVIII, p. 845.
2. Cf. Merlet, *op. cit.*, p. 184.

Même au temps de Boileau, et des moutons de Mme Deshoulières, rimait-on plus gentiment les bluettes printanières ? Si du moins Boileau avait pu lire quelqu'une de ces chansons, fredonnées à l'ombre grandissante des cathédrales gothiques, il n'aurait jamais écrit que, chez nos vieux romanciers, le vers se composait uniquement d'une rime, jetée par hasard au bout des mots assemblés sans mesure. Ceci n'est un peu vrai que des très jeunes romanciers, qui s'agitent et gazouillent aux dernières lueurs de notre siècle dix-neuvième. Oiselets du crépuscule !

IV.

Boileau fait honneur à Villon, un *bohème* du quinzième siècle, d'avoir mis bon ordre aux caprices de nos premiers rimeurs ; mais, au treizième siècle déjà, un autre *bohème* (il y en a eu en tous les siècles), Rutebeuf, s'était astreint aux règles savantes de l'alternance des rimes : et ce contemporain de saint Louis avait l'oreille bien épurée, qui viellait le *Débat du Croisé et du Décroisé*, des *Amis envolés*, et du *Pauvre trouvère*. En ce siècle des cathédrales gothiques, de la théologie, et de toutes les nobles « emprises », pour peu que l'on sût de *clergie*, c'est-à-dire de bonnes lettres, on était tenu de savoir rimer, et, qui plus est, de rimer en *léonime* ou rime royale, parfaite et riche. Ainsi le déclarait un trouvère, sujet de saint Louis, Philippe de Reim (¹).

A partir du bohème Villon, qui rima les fraîches complaintes des neiges d'antan, il y eut avalanche de rimes et carillon de syllabes, de plus en plus régulières ; mais, longtemps avant Marot, « il n'y avait plus de chemins nouveaux à inventer » pour rimer (²). Et il y avait eu, au midi et au nord, foison d'acrobates de la rime : à telles enseignes, que déjà la muse provençale s'était annihilée et tuée en ces tours de force (³) ; et que les muses françaises y perdaient l'équilibre.

Aux quatorzième et quinzième siècles, on jouait à la rime avec frénésie : le pauvre hère qui n'arrivait pas à doubler ou tripler ses rimes, n'était qu'un petit valet d'écurie de Pégase. Dès 1392, Deschamps n'admettait sur les cimes du Double-Mont, que les habiles sachant enfiler deux rimes de suite, avec des mots différents, ou comme il dit, « en une mesme semblance de parler et d'escripture, hucher et bailler signification et entendement contraire des mos mis en la rime (⁴). »

Au début du seizième siècle, un des événements littéraires fut la lutte entre Molinet et Crétin ; il se fit entre ces deux chanoines de la

---

1. V. *Histoire littéraire de la France*, t. XXII.
2. Cf. Bellanger, p. 3. — M. Bellanger hasarde une restriction et dit « si ce n'est le sonnet » ; mais le sonnet était inventé avant Marot. — Voir notre *Boileau*, t. II. Sonnet.
3. V. Fauriel, t. III, p. 267.
4. *L'art de dictier et de fère chansons, balades...*, p. 271.

Sainte-Chapelle (ô Boileau, que n'étiez-vous là?), des tournois et duels à la rime double ou triple. Jugez-en. Molinet écrivait à Crétin :

> Molinet n'est sans bruit, ne sans nom, non ;
> Il a son son, et comme tu vois, voix ;
> Son doux plaid plaist mieux que ne faict ton ton ;
> Ton vif art ard plus cler que charbon bon ;
> Tres trenchans chantz perchent ses parois roidz...

C'était bien beau, n'est-ce pas ; pourtant j'abrège ; j'ai hâte de vous faire entendre Crétin, qui répond à Molinet :

> Molinet net ne rend son canon, non !
> Trop de vent vend, et met nos esbas bas ;
> Son crédit dit, qui donne au renom nom ;
> Mais efforts fors tornent en bran son son :
> Outrageulx jeux le font de solas las...

Il y a de quoi se pâmer ; et l'on se pâma ; Crétin avait battu Molinet. Crétin, nous le dirons en temps et lieu, se surpassa lui-même. Bornons-nous pour l'instant à un merveilleux quatrain qui, par ses rimes, sa profondeur, la clarté de ses merveilles *absconses*, ressemble vaguement à quelque chef-d'œuvre de nos jeunes décadents et chercheurs de symboles :

> Par ces vins verts Atropos a trop os
> Des corps humains ruez envers en vers,
> Dont un quidam aspre aux pots, à propos,
> A fort blâmé ses tours pervers par vers.

Quel dommage qu'il nous faille courir, sans nous arrêter à cueillir tant d'autres perles semées alors le long des petits sentiers du Parnasse !

Après les rimeurs frénétiques, apparurent les poètes, Ronsard et la Pléiade; puis Mathurin Régnier. Ce fut Ronsard, et non point Marot, qui « montra pour rimer des chemins tout nouveaux »; ou, plus exactement, qui confirma de son autorité les règles sages, inventées avant lui. Ronsard et ses satellites rimèrent richement et sobrement, aussi bien, ou mieux que Boileau. Chez eux, très peu de rimes faibles : souvent des rimes neuves; et ce Ronsard, que Boileau ne connut guère plus qu'il n'avait connu Turoldus ou Robert Wace, donnait à ses amés et féaux servants un conseil d'une expérience consommée, et d'une sagesse digne de Boileau en personne :

Toutefois, tu seras plus soigneux de la belle invention et des mots, que de la Rime, laquelle vient assez aisément d'elle-mesme, après quelque exercitation (1).

De Ronsard, jusqu'à la Fronde, on rima de façon fort honnête; ni trop, ni trop peu. C'est le cas du grand Corneille et de Malherbe, qui cependant riment un peu moins bien que Ronsard. Aux environs de la création de l'Académie et de la naissance de Boileau, deux courants se formèrent : rimes riches à gauche, rimes suffisantes à droite. Tandis que les *classiques* et tout ce qui tenait le haut du pavé, rimaient sans excès, voire assez pauvrement comme Molière, les poètes fantaisistes, les burlesques, les *Grotesques*, bref, pour employer une expression

1. *Abrégé de l'Art poétique.*

moderne, les indépendants, se livrent à la passion des rimes à lettres d'appui. Jean Loret rimait ses Gazettes en millionnaire du Parnasse; et Saint-Amand et Benserade jouaient des syllabes sonores aussi bien que tel romantique après 1830, ou que tel parnassien après 1860. Le P. Pierre Le Moyne, jésuite, le carme Pierre de Saint-Louis, et jusqu'à d'Assoucy, « empereur du burlesque », ont trouvé des rimes qui feraient frémir d'aise, ou de jalousie, toutes les *Chauves-Souris* de M. le comte de Montesquiou.

Et Scarron! Lisez — non pas le *Virgile travesti*, c'est trop long et d'une lecture très inutile — mais seulement cette tirade; et dites si le malheureux cul-de-jatte ne rimait pas aussi richement que le flamboyant Théophile Gautier, historien des *Grotesques* :

> Les pauvres Courtisans des Muses
> Sont aujourd'huy traitez de buses
> Un *Roman comique*, un *Japhet*,
> Ne grossit pas un petit fait :
> Peu de gens sçachant bien écrire
> Ont abondamment de quoy frire ;
> Les Desportes, les Bois-Roberts,
> Fissent-ils aussi bien les vers
> Qu'en fit l'infortuné Malherbe
> Aujourd'huy n'auroient que de l'herbe...

Au dix-huitième siècle, sauf, vers la fin, Roucher qui enrichit de bonnes rimes ses pauvres *Mois*, tout le monde des versificateurs se contenta d'une indigence voisine de la misère. Les prosateurs se moquaient de la rime; M. de Buffon secouait sur ces jeux puérils la dentelle de ses manchettes et la poudre de sa perruque dédaigneuse. Les poètes n'avaient plus même l'air de croire qu'il y a un art de rimer. Aussi « la médiocrité des rimes est l'usage constant du dix-huitième siècle ([1]). »

Au dix-neuvième, avec la Restauration, la rime se renouvela, rajeunit et refleurit. Non point certes, comme d'aucuns se l'imaginent, que le romantisme ait inventé la richesse des rimes. Un critique, naguère quelque peu fameux et très lourd, du journal *Le Temps*, le protestant Schérer, affirmait, avec la morgue pédante qui est la manière de son école, que V. Hugo a découvert cette Californie; que « V. Hugo est le fondateur de la rime riche ([2]) ». V. Hugo ne fut jamais un Christophe Colomb; deux cents ans avant Hugo, Malherbe avait cherché, trouvé, prôné la rime exacte, riche et rare : ce qui est toute la rime romantique; et à cet égard, Malherbe est « l'ancêtre des Parnassiens ([3]) ».

... Il s'étudioit fort, dit Racan, à chercher des rimes rares et stériles, sur la creance qu'il avoit qu'elles lui faisoient produire quelques nouvelles pensées : outre qu'il disoit que cela sentoit son grand poëte de tenter les rimes difficiles qui n'avoient point encore été rimées.

Voilà, dès le temps de Richelieu, la rime riche érigée en dogme poétique; Hugo n'a forgé aucun

---

1. Paul Stapfer, *Racine et V. Hugo*, p. 279.
2. *Le Temps*, 19 octobre 1888.
3. M. Souriau, l'*Évolution du vers français au dix-septième siècle*, p. 34. Voir tout le chapitre.

moule nouveau : il s'est servi bruyamment de ceux que nos pères avaient façonnés, de longs siècles avant l'aurore rouge de 89. V. Hugo fut un admirable rimeur, que, dans cet art, personne n'a égalé ; mais il usait d'un outil d'ancien régime. Au demeurant, jamais Hugo lui-même n'a égalé, en fait de rimes millionnaires, Molinet, Marot et Crétin : Molinet, Marot et Crétin avaient rimé, avant la lettre, les *Odes funambulesques* de Banville.

Mais, du jour où Hugo proclama le règne de la rime riche, à son de trompe, ou mieux du cor d'Hernani, tout ce qui voulut être compté pour quelque chose, rima comme Hugo ; cela, comme avait dit Malherbe, sentait son grand poète. Lamartine finit, lui aussi, par s'y résoudre. Seul, Musset rima pauvrement pour se distinguer de tout le monde ; et M. Viennet très pauvrement, parce qu'il s'imaginait continuer Voltaire. Enfin Banville vint, qui déclara ceci : « Sans la rime riche, point de poésie » ; après quoi, Verlaine et sa pléiade (oh ! combien peu lumineuse) : Moque-toi de toutes les règles du vers, de la rime et du bon sens ; là est le génie. Voilà où nous en sommes — sauf le génie. Et une légion innombrable de bons jeunes gens, en quête du génie, rimant très mal, et raisonnant de même, ont pris pour devise celle de je ne sais quel rimeur très indigent du temps passé :

> Je rime goret,
> La rime des rimes !...

Il n'y a rien de bien nouveau sous le soleil ; nos bons jeunes gens travaillent dans le vieux, sans le savoir, et ils riment « goret ».

Laissons-les à cet exercice; et après avoir vu l'histoire de la rime, examinons sa nature, son utilité, sa nécessité, le don de rimer des poètes, et le don de ne pas rimer des *rimeurs*.

CHAPITRE IV.

NATURE DE LA RIME.

Sa nécessité. — Vers blancs, vers mesurés. — Avantages et difficultés de la rime. — Panégyristes et ennemis.

I.

U'EST-CE que la rime?... J'ai sous la main des prosodies françaises qui, pour définir la rime, citent les strophes ronsardiennes de Sainte-Beuve. Théodore de Banville va jusqu'à jurer ceci, par tous ses dieux grands et petits : « Qui aura bien lu ces vers, saura ce qu'est la rime (1). » Lisons-les bien.

>   Rime, qui donnes leurs sons
>   Aux chansons,
>   Rime, l'unique harmonie
>   Du vers, qui, sans tes acccents
>   Frémissants,
>   Serait muet au génie ;
>
>   Rime, écho qui prends la voix
>   Du hautbois
>   Ou l'éclat de la trompette ;
>   Dernier adieu d'un ami
>   Qu'à demi
>   L'autre ami de loin répète ;
>
>   Rime, tranchant aviron,
>   Éperon
>   Qui fends la vague écumante ;
>   Frein d'or, aiguillon d'acier
>   Du coursier
>   A la crinière fumante...

---

1. *Petit traité de poésie française*, p. 47.

Je vous fais grâce du reste, où l'on voit que la rime est une agrafe, une clé, une fée. Si, après avoir lu, vous savez mieux ce que c'est que la rime, je vous admire ; si vous le savez un peu moins, ou même pas du tout, je ne m'en étonne point. Sainte-Beuve exprime très bien tout ce qu'il veut en prose ; mais les vers ne sont point sa langue vraie et naturelle. Outre que telle idée, celle par exemple de la rime « unique harmonie », est fausse, le reste brille dans l'obscurité : ce sont des images qui tournoient, qui chantent et qui disent peu.

En voulez-vous d'autres qui disent trop ? Je les cueille dans l'ouvrage fameux d'une femme célèbre :

> C'est une découverte moderne que la rime. Elle tient à tout l'ensemble de nos beaux-arts ; et ce serait s'interdire de grands effets que d'y renoncer. Elle est image de l'espérance et du souvenir ([1]).

Avez-vous compris ? J'ose en douter, sans vous faire injure. Mme de Staël se trompe en parlant de découverte moderne ; elle s'embrouille dans cet « ensemble de nos beaux-arts » ; elle raffine jusqu'à la sensiblerie, à propos des deux sons de la rime, l'un dont on se souvient, l'autre qu'on espère.

Soyons clair. La rime, telle que tout le monde l'entend, est le retour d'un même son à la fin de deux ou de plusieurs vers. Je dis même son, ou son identique, homophonie : autrement, il y aura

---

1. *De l'Allemagne*, t. I, p. 259.

peut-être assonance, et non point rime. L'assonance porte seulement sur la voyelle ou la diphtongue finale ; la rime, sur la voyelle ou diphtongue finale, et sur toutes les consonnes prononcées qui la suivent. Il vous souvient sans doute de la mauvaise définition que l'on donna jadis de la rime française : La rime, ce sont des mots terminés par les mêmes lettres. A quoi un homme d'esprit répondit aussitôt, en improvisant ce quatrain, ou cette épitaphe du suisse de Saint-Eustache :

> Cy-git Mardoche,
> Suisse de Saint-Eustache :
> Trente ans il porta la hallebarde ;
> Dieu lui fasse miséricorde.

Et depuis, pour se moquer d'une mauvaise consonance, on dit : Cela rime comme *hallebarde* et *miséricorde*. La voyelle accentuée y manque ; aussi Ronsard avait-il raison de demander que, pour la rime, il y eût toujours « consonance et cadence de deux entières et parfaites syllabes ([1]). »

Rimer, c'est amener au bout d'un vers, quel que soit le rythme, le nombre et la valeur des syllabes, un son exactement le même qu'on a entendu et dont l'oreille garde sans effort l'impression : l'homophonie des vers est inutile, si on ne la saisit point. Les décadents, qui jettent de-ci et de-là des consonances finales, qui s'en-

---

1. *Abrégé de l'Art poétique.*

tremêlent et qui ne s'appellent point, se gaussent de la rime et de leurs lecteurs — quand ils en ont. Voilà, par exemple, une strophe toute neuve de Viélé-Griffin ; que je ne me charge point de vous expliquer : c'est de l'art de demain ; nous n'avons pas besoin de comprendre aujourd'hui :

>...Par delà l'allée en arche,
>Par delà l'ogive des branches,
>Plane parfois une nuée aux ailes blanches,
>Là-bas sur l'horizon des plages ;
>La lenteur des plus lourds orages
>S'est profilée en patriarche...

L'*arche* du début rime avec ce *patriarche* de la fin : mais il serait bon de mettre quelque part une note, pour en avertir les gens. Demain, sans doute, l'acoustique sera très perfectionnée, comme l'art et l'humanité ; mais aujourd'hui l'accord d'*arche* et de *patriarche* nous échappe dans le tintamarre des branches et des orages.

Un vers qui vient tout seul peut être harmonieux et très beau :

>Naître avec le printemps, mourir avec les roses ;

mais pour entrer dans un poème, il faut qu'une ou deux fois on entende d'autres vers sonner comme lui. Notre vers français est fait pour la société ; en quoi, il nous ressemble. Le lien qui le rattache à ses semblables, c'est d'abord le rythme, si le poème est régulier ; et c'est, dans tous les cas imaginables, la rime. Les bons vers — il ne s'agit ici que de ceux-là — ne doivent ni leur existence, ni leur mérite principal à la rime ; mais ils ne sont point indépendants de la rime ; et, s'il peut y avoir, sans la rime, un bon vers, il ne saurait y en avoir deux à la file.

Il faut vraiment être aussi peu artiste que le fut M. de Voltaire, pour formuler des axiomes pareils à celui-ci, qui est de l'auteur de la *Henriade :* « Les vers ne sont beaux que si l'on peut en ôter les rimes et les mettre en prose, sans qu'ils perdent rien de leur sens et de leur énergie. » Oui, alors ils sont beaux comme la prose, mais ce ne sont pas des vers ; c'est de la prose, et souvent de la plus chétive.

Les vers sont de la musique, grâce au rythme qui en est l'harmonie constitutive et grâce à la rime qui en est la mélodie ; et, qu'on le veuille ou non, nos vers sont faits en vue de la rime qui réagit sur tout le rythme. Le rythme n'est point indiqué, en français comme dans les autres langues, par une succession de longues et de brèves. Il consiste dans le nombre et la symétrie des syllabes, leur sonorité, leur groupement voulu par rapport à la syllabe finale, qui doit consonner et rattacher les vers deux à deux. La rime influe sur le rythme intérieur ; et de plus, elle achève, en l'accentuant, la période rythmique.

Quelle que soit la nature des vers, ou métrique ou syllabique, qu'on mesure les syllabes ou qu'on les compte, la fin de la période rythmique a toujours un signe particulier qui caractérise cette période. Dans les langues où l'on mesure les syllabes, c'est ici le dactyle et le spondée, là l'ïambe ou le trochée ; et c'est par là que le vers est constitué dans tel ou tel mètre. En français, quelle que soit la longueur des vers, leur allure, leur groupement, ce rôle déterminant est réservé à la rime. Elle bat la mesure finale ; elle est un coup d'archet et un coup de cloche. Voilà d'où vient que les poètes artistes et conscients de leur métier, ceux d'autrefois et ceux d'aujourd'hui, visent souvent à rendre le vers qui porte la rime, plus fort, plus marqué et chargé de l'idée principale. La rime au bout de ce vers fort renforce l'idée. Lisez les vers classiques les plus connus, les dialogues cornéliens, les plus beaux vers de Hugo et voyez comment la rime complète la période et fortifie l'idée. Prenez quelque chose de plus simple, ces deux vers du bonhomme :

> Même il m'est arrivé quelquefois de manger
> Le berger ;

c'est la rime qui non seulement fortifie, mais qui fait l'idée. Au lieu de *berger*, mettez *pasteur*, *gardien*, tout ce que vous voudrez ; l'idée est tout amoindrie, et le lion parle platement comme un bourgeois, et moins bien que le baudet. Le premier vers qui attend et appelle la rime sera parfois une phrase incidente, dont la fonction est de préparer la rime qui charrie l'idée. Dans les strophes, vous trouverez tout un bruissement de sons, vrai battement d'ailes, qui vous dispose au chant final, éclatant et superbe de la rime. C'est le triomphe des rimes redoublées.

Boileau, qui n'ignorait point son métier, connaissait un petit secret auquel sont initiés tous les habiles d'entre les anciens et les modernes ; le secret du second vers plus fort ; et pour que le vers de la rime fût le meilleur, il y donnait tous ses soins, il le façonnait avant l'autre. Brossette, écho vivant et consciencieux de Despréaux, nous conte ce détail, auquel il joint ses propres réflexions : « M. Despréaux, dit-il, faisait ordinairement le second vers avant le premier ; c'est un des plus grands secrets de la poésie, pour donner aux vers beaucoup de sens et de force. Il conseilla à M. Racine de suivre cette méthode. »

M. Racine n'eut garde de la négliger ; et d'autres qui ne valent point M. Racine y ont recouru. Ce « grand secret » de la poésie s'explique le plus aisément du monde. Il consiste à satisfaire du même coup et pleinement l'esprit par la pensée, l'oreille par la consonance.

Et puisque l'occasion s'en présente, j'ose dire que les déclamateurs qui s'acharnent à prononcer les vers, sans faire sentir la rime, — c'est un cas fréquent chez les artistes de la Comédie-Française, et le cas habituel de ceux qui les copient, — ces déclamateurs-là sont les vandales de la poésie ; ils massacrent les beaux vers : ou plus exactement, ils les suppriment. Ils imitent les écoliers, qui s'abandonnent à la passion des alexandrins, entassent là dedans tout ce qu'on y peut introduire jusqu'à la concurrence de douze syllabes ; et, faute de place, renvoient, sans autre motif, au vers suivant, ce qui leur reste à dire. Ils enjambent : ce qui est une des façons de cheviller, et l'une des pires.

La *Grammaire de Port-Royal*, rédigée par certains amis de Boileau, juste au moment où Racine commençait à ne plus rimer des vers d'écolier (1660), condamnait énergiquement ces gâte-métier : elle plaidait en faveur des droits de la rime ; laquelle, pour marquer le rythme, pour avertir et charmer l'oreille, doit être entendue : « La rime faisant la plus grande beauté de nos vers, c'est en oster la grâce que de disposer le sens de telle sorte qu'on ne puisse presque pas s'arrêter aux rimes pour les faire remarquer. » — A merveille. Si l'on ne remarque point les rimes, on ne remarque point les vers, ni le rythme. C'est de la prose ; et jamais de la bonne. Sur le chapitre de la rime, les Messieurs de Port-Royal ont raison ; sauf pourtant qu'ils exagèrent, lorsqu'ils l'appellent la plus grande beauté de nos vers. Mais n'est-il pas curieux d'ouïr ces austères « ivrognes d'eau ([1]) » réclamer contre les maladroits qui les sèvrent de ce plaisir de la rime ?

II.

Au surplus, le plaisir de la rime ne vient pas uniquement du son matériel des syllabes. A ce

---

1. Louis Veuillot, *Correspondance*, t. VI, p. 184.

compte-là, on pourrait, suivant l'usage des disciples de Verlaine ou de Mallarmé, arranger des mots les uns à côté des autres, pour en faire une musique — une « musique peinte ». Ou bien encore, on pourrait se contenter des refrains, des *ton ton, ton taine*, des *tra la la* populaires. Ce retour des sons connus, joints à l'air non moins connu, amuse l'oreille à très peu de frais.

La rime a des allures et des exigences plus aristocratiques, plus fières, plus dignes. Le plaisir de la rime doit être, pour la moitié au moins, intellectuel. L'oreille est frappée de la consonance préparée par le rythme ; c'est ce qui la réjouit et la captive. Mais la rime, dans les beaux vers, va plus loin ; elle atteint l'âme. C'est l'idée qui sonne à propos et en mesure. Voilà le plaisir élevé et délicat de la rime. Et de là dérivent toutes les qualités nécessaires à la rime, qui, pour satisfaire l'oreille et l'esprit, doit être la plus exacte possible ; la plus variée aussi.

Le plaisir de la rime a deux éléments, que M. Sully-Prudhomme appelle *reconnaissance* et *surprise ;* c'est le retour d'un son agréable connu, attendu, mais entendu avec un nouveau charme : vraie jouissance musicale des mélodies qui reviennent et des *leitmotiv* qui repassent. La surprise de la rime sera causée surtout par le mot non prévu et qu'on ne peut deviner d'avance ; donc, point de rimes usées et banales; très peu de *guerriers* et *lauriers*, de *gloire* et *victoire*. « L'oreille aime à la fois le nouveau, qui varie son plaisir, et le rappel de ce qui lui a plu... Ce plaisir est d'autant plus vif, qu'il y entre plus d'agréable surprise (¹).»

Ce plaisir musical et intellectuel de la rime est parfait, et pour les initiés il devient exquis, lorsque la rime tombe juste, nécessaire, pleine, neuve ; il est moindre, quand la consonance est faible, à peine sentie ; il est nul, ou même il tourne à l'agacement et au rire, quand la consonance est assourdissante et qu'elle carillonne ; quand cela rime trop. De tout cela nous avancerons des preuves, lorsque nous traiterons des rimes riches, suffisantes, indigentes, millionnaires. Le trop et le trop peu sont deux misères.

Enfin pour que la rime plaise, il faut qu'on l'entende à sa place ; non point au milieu du vers, où elle trouble l'harmonie, mais à la fin de la période rythmique qui la prépare et qu'elle achève. Pour qu'il y ait rime, il faut qu'il y ait d'abord cadence, symétrie, rythme ; en prose, les consonances fatiguent, non moins que, dans les vers, la prose.

Car enfin, Monsieur Jourdain, entre les vers et la prose, il existe une différence, que vous aurez toujours quelque peine à saisir, malgré vos maîtres de philosophie ; et peut-être, Monsieur Jourdain, de ce que nous venons de dire touchant la nature de la rime, vous ne concluez pas encore à sa nécessité. Appuyons-y un peu. Si

---

1. Sully-Prudhomme, *Réflexions sur l'art des vers*, pp. 47 et 76.

on vous lisait, Monsieur Jourdain, ces quatre alexandrins de Voltaire — alexandrins sans rime :

> N'êtes-vous pas troublé quand vous voyez la terre
> Trembler avec effroi jusqu'en ses fondements ?
> J'ai vu cent fois les vents et les fières tempêtes
> Renverser les vieux troncs des chênes orgueilleux ;

évidemment vous crieriez que ce sont là de beaux vers ; puisqu'ils sont de Voltaire et puisqu'ils ont le nombre de pieds voulu, qu'ils sont nantis d'hémistiches et de nobles épithètes : ce sont de beaux vers.

Et moi, Monsieur Jourdain, je vous soutiens que ces choses-là, ce n'est « ni vers ni prose ([1]) ». Et Voltaire lui-même, après s'être passé la fantaisie d'écrire en ce style, qui ne mérite aucun nom dans aucune langue — bien qu'on nomme cela des *vers blancs* — déclara qu'il y avait perdu son temps ; non toutefois sa peine : vu que ces lignes ne coûtent aucune peine. Voltaire traduisit en vers blancs une partie du *Jules César* de Shakespeare. Peut-être était-ce un méchant tour qu'il avait voulu jouer à ce rival d'Outre-Manche, à ce « sauvage ivre ». Toujours est-il qu'il ajouta aux vers blancs ce brin de prose, en guise d'avertissement à ses lecteurs : « Les *vers blancs* ne coûtent que la peine de les dicter : cela n'est pas plus difficile à faire qu'une lettre. Si on s'avise de faire des tragédies en vers blancs et de les jouer sur notre théâtre, la tragédie est perdue. »

---

1. V. abbé Mérit, *Lettres sur le beau* (vers blancs).

— On ne s'en est point avisé ; et si la tragédie est morte, ce n'est point la faute des vers blancs.

Du reste, il convient de remercier les pauvres gens de lettres qui se sont essayés à cette besogne facile. Leur tentative est une preuve palpable que, sans rime, on ne peut écrire deux vers français (1). Au temps de la Renaissance, où l'on eut passablement d'idées baroques, on ne manqua point d'avoir celle-là. Bonaventure des Périers, l'auteur du *Cymbalum mundi*, un huguenot qui se débarrassa de la vie en se traversant le corps de son épée, fut, paraît-il, l'inventeur des vers blancs. Thomas Sibilet, en son curieux *Art poétique françois*, narre le fait et se gaudit de cette « chose étrange ».

> Peu de Poëtes françois liras-tu qui ayent osé faire vers sans ryme ; toutes fois, afin que tu ne me penses parler par cœur, tu liras aux Œuvres de Bonaventure des Périers, la Satyre d'Horace qui commence : *Qui fit, Mecenas*, tournée en vers de huit syllabes non rymez ; lesquels sont imprimez en forme de prose sans linéale distinction des Vers, quasi comme non méritans le nom de Carmes (2).

Et de fait, ce ne sont point des *carmes ;* mais bien de la prose fatigante. Après des Périers, il y eut un diplomate traducteur qui, « ne se sentant pas expert ny versé en ryme françoise », enferma tout le *Psautier* de David en vers blancs. Par bonheur, on laissa dormir les vers blancs de ce brave Vigenère, et l'on continua de

---

1. Cf. abbé Bellanger, *Études hist. et philol. sur la Rime franç.*, pp. 91 et suiv.
2. *Art poét. franç.*, p. 74.

chanter en latin les psaumes du saint Roi.

Au dix-huitième siècle, où l'on jugeait des beaux vers par leur ressemblance avec la belle prose, tout un clan de prosateurs fut pris d'un certain zèle pour les vers blancs, qui se rapprochent si bien de la prose. Fontenelle, Trublet, Buffon, se proposèrent (oh ! pas très sérieusement), ou de supprimer les vers, ou de versifier en blanc. Le moraliste Vauvenargues s'y appliqua ; Marmontel écrivit presque tout un roman en vers sans rimes, dissimulés par la disposition typographique. Les *Incas* fourmillent de ces vers solitaires de huit à douze pieds. Aujourd'hui, il nous faut quelque courage pour nous hasarder en cette forêt vierge, pleine ces reptiles — moins terribles toutefois que la fameuse *Caverne des serpents*.

Au commencement de notre siècle, un savant doublé d'un visionnaire, Fabre d'Olivet, composa un long plaidoyer en faveur de certains vers blancs, autrement dits *eumolpiques*, ou mélodieux. Nous n'en détachons ici qu'un tout petit alinéa, plus ou moins eumolpique :

> ... Ne vous figurez pas, Messieurs, que l'absence de la rime rende faciles les vers français, tels que je les entends ; c'est précisément cette absence qui en fait la difficulté : car il n'y a pas alors moyen d'écrire sans pensée...

Voilà qui est galant pour les confrères. Fabre d'Olivet va plus outre. Selon lui, la rime est « opposée à tout mouvement intellectuel et rationnel » ; déclaration qui équivaut à ceci : le poète comme moi qui ne rime point, demeure en pleine possession de ses facultés ; donc, faisons des vers blancs et nous aurons seuls du génie.

Par malheur, Fabre d'Olivet n'a point confirmé son dire par des œuvres de génie ; c'est grand dommage pour son dire et pour ses vers blancs sur les *Vers dorés* de Pythagoras. Sa traduction eumolpique parut en 1813 ; Waterloo et l'oubli ont passé par là-dessus. Mais, une simple remarque. Les jeunes du Symbolisme, lorsqu'ils créent, contre toutes les règles de la prosodie, leurs poèmes qui sont de la « musique peinte », ont pour ancêtre Fabre d'Olivet, créateur de vers eumolpiques. En vérité, combien de ces hardis rénovateurs de l'art pourraient prendre comme devise la réflexion d'un honnête personnage du *Trésor* de Coppée ? C'est un poète ; il s'en va versifier, et en s'en allant, il se demande : Voyons un peu !...

> Qui pourrais-je imiter, pour être original?

Les vers blancs, qu'ils soient eumolpiques ou non, ne sont, avons-nous dit, ni vers ni prose. Cependant, voilà trois à quatre lustres, M. Becq de Fouquières s'imagina que les vers blancs étaient possibles, voire présentables, à la condition d'être monorythmes ; « c'est-à-dire, qu'ils reproduisissent tous, successivement et dans le même ordre que le premier, les rapports numériques des éléments rythmiques ([1]). » Et ce

---

1. *Traité général de versification française*, p. 61.

serait un vrai casse-tête à fabriquer, un casse-tête à déchiffrer. Le jeu n'en vaudrait pas la chandelle. M. Becq de Fouquières avoue que, pour peu que cela continuât, cela serait « insupportable » ; tout le monde sera de son avis.

III.

Et puis, une fois de plus, cela ne serait pas neuf. Ces fantaisies très ennuyeuses nous ramèneraient vaguement à la fantaisie très vaine des vers français rythmés sur le modèle des classiques et suivant la méthode latine ou grégeoise.

La *Pléiade* de Ronsard s'y escrima ; et certes pour un motif qui partait d'un bon naturel. Ronsard et sa fidèle troupe estimaient que notre langue ne le devait céder en quoi que ce fût au merveilleux parler de Grèce et de Rome. La *Pléiade* voulant donc « piller les sacrés thrésors du Temple Delphique » et s'enrichir des dépouilles opimes du Capitole, entreprit de versifier dans le moule des anciens. On n'oubliait qu'une chose ou deux : d'abord que le français n'était ni le latin ni le grec ; puis, que les syllabes françaises n'ont point de quantité qui se plie aux dactyles, anapestes, ïambes et trochées ; que même notre langue n'a point d'accent proprement dit, à moins qu'on n'oblige tous les Français de France à prononcer comme les Gascons, ou comme Tartarin : on n'y a pas encore songé.

Au seizième siècle, *latineurs* et *grécaniseurs* essayèrent toutefois d'une prosodie par longues et brèves ; étant fort marris de savoir que les autres langues, l'italienne surtout, eussent cet avantage sur la nôtre. Pasquier, en ses *Recherches*, bâtissait un gros chapitre, à cette fin d'établir « que nostre langue est capable des vers mesurez, tels que les Grecs et les Romains ([1]). » Henri Estienne, en sa *Précellence du langage françois*, triomphait de l'Italie, même sur ce sujet des vers mesurés, et il criait très haut : « Nous avons monstré aux Italiens que nostre langage nous permettoit d'en faire comme eux en avoyent faict ([2]). » Et pour preuve, il citait le distique français calqué sur le *Phosphore, redde diem* de Martial :

Aube, rebaille le jour : pourquoy nostr' aise retiens-tu ?
César doit revenir ; aube, rebaille le jour.

Néanmoins, Estienne déclarait qu'il valait mieux « pour nous et nostre postérité » cueillir les lauriers d'Apollon, « par l'autre sorte de composition de vers, qu'on appelle ryme ». Et devinez la raison qu'en hasarde Estienne ! C'est que *ryme* vient du grec *rythmos* ! donc, rimer, c'est encore piller les sacrés trésors du Temple Delphique. Pillons et rimons.

Antoine de Baïf poussa les choses beaucoup plus loin ; et même, Baïf, le *docte, doctieur, doc-*

---

1. *Recherches*, VII, 11.
2. Édition Huguet (1896), pp. 40-42.

De la rime française.

time Baïf, se persuada que les Français devaient abandonner leur prosodie vulgaire, la rime, pour la métrique des Anciens ; tout ainsi que les premiers humains avaient laissé le gland aux fauves, du jour où Cérès leur octroya l'usage du blé. Et ceci n'est point une comparaison que je tire de mon fonds ; elle est bien de Baïf, qui l'a mise en vers hexamètres, ou, comme il les nomme modestement, « baïfins » :

> ... Ĭl nĕ faūt plūs m'ēspĕrĕr ēn vaīn
> Aū vīeil jēu dĕ lă rīmĕ răvoīr. Pūis l'heūrĕ quĕ — Cērēs
> Aūx mōrtēls ă dŏnē lĕ frōmēnt quĭ rĕchĕrchĕ lĕ vieūx glānd(¹)?

Est-ce Jodelle, celui que l'on mena en triomphe à Arcueil où on lui offrit un *péan*, avec un bouc couronné d'un chapeau de fleurs ; est-ce, dis-je, Jodelle qui inventa cette merveille des vers rythmés à l'homérique et à la virgilienne ? Ou bien, n'est-ce pas Baïf ? Ne serait-ce point Mousset, lequel traduisit l'*Iliade* en vers de cette façon :

> Chāntĕ, Dĕēssĕ, lĕ cœūr fŭrĭeūx ēt l'īrĕ d'Ăchīllēs,
> Pĕrnĭcĭeūsĕ qŭi fūst ?

Peu importe. Ronsard lui-même s'y attela et fit deux Odes saphiques pour être chantées, par désir d'imiter « Sapphon chantant ces vers, ou accommodez à son Cystre ou à quelque Rebec (²) ». On ajusta de la musique à ces poèmes gallo-grégeois de l'Académie de Baïf, on les

---
1. *Etrenes.*
2. *Odes*, V, 30.

chanta, on les dansa ; Charles IX daigna venir écouter et applaudir (1). C'était chose digne d'Amphion ; et les arbres de Paris durent s'émouvoir et se trémousser, non moins bellement que ceux de Thrace ou des monts Rhodopéans, aux divins hymnes d'Orphée.

Pourtant les Amphion et les Orphée de la *Pléiade* s'aperçurent vite que, sans rime, les hexamètres et saphiques français ressemblaient étrangement à de la prose ; et que la rime servait au moins à marquer la fin de ces lignes pleines de dactyles et d'ïambes. Alors on y adapta des rimes. Nicolas Rapin écrivit en strophes saphiques rimées l'épitaphe de Ronsard ; citons-en une, l'avant-dernière :

> Vāndŏmōis hārpēur, qŭi moūrānt nĕ moūrrās,
> Māis dĕ loīng nōs pleūrs ă tŏn aīsĕ vērrās,
> Ōy cĕ saīnt cōncērt ĕt rĕtiēns ăvēc tōy
>   L'ōmbrĕ dĕ tōn Rōy.

Autre mécompte. Le peuple ne comprenait rien à ces chansons-là ; et nombre de gens d'esprit en riaient sous cape, ou même à la barbe des poètes rivaux de « Sapphon ».

La mode passa ; toutes les modes passent ; et enfin Malherbe vint. On n'entendit plus parler des vers *baïfins* pendant près de deux siècles ; et si des grammairiens tels que d'Olivet et Marmontel essayèrent de scander par dactyles et spondées les alexandrins de Boileau ou de Ra-

---

1. Cf. Bellanger, pp. 28 et suiv.

cine, ils y perdirent leur latin ; mais ils en restèrent là et ne firent point subir à notre langue le joug du *Gradus ad Parnassum*.

Turgot le lui imposa. Cet ami de Condorcet et de Voltaire, cet utopiste, qui fut ministre de Louis XVI, employa ses malheureux loisirs à tourner Virgile en hexamètres français. Voici le début de son *Énéide* :

Jadis sur la fougère une musette accompagnait mes chants ;
J'osai depuis, sortant des bois, disciple de Cérès,
Forcer la terre à répondre aux vœux de l'avare agriculture ;
Mars aujourd'hui m'appelle. O Muse, embouche la trompette.

Ceux qui découvriraient de la poésie dans cette prose, ou des vers dans ces lignes, auraient de fortes lunettes. Cette *Énéide* de Turgot fut publiée un an avant la prise de la Bastille ; pour bien des raisons, le préjugé de la rime survécut aux assauts de Turgot-Virgile.

Au commencement du dix-neuvième siècle, Louis Bonaparte, ex-roi de Hollande, qui eut aussi des loisirs, combattit la rime avec une fougue et une ténacité napoléoniennes ; il l'attaqua en prose et en vers *harmonico-rythmiques ;* il essaya de l'écraser sous le poids d'une tragédie et d'un opéra. Le règne de la rime ne fut guère troublé de cette révolution suscitée par un prince. Vers l'époque où le roi Louis Bonaparte rythmait sa *Lucrèce*, Victor Hugo rimait ses *Odes et Ballades* ; et ceci tua cela.

IV.

La rime a triomphé de ces entreprises où la poésie française n'avait rien à gagner. Elle continue d'être le lien harmonieux qui attache un vers français à un autre vers français : et tout le temps que nous aurons des poètes, on rimera. Voltaire, malheureux en vers blancs, n'a pas eu tort de dire, quoique en rimes déplorables :

> La rime est nécessaire à nos jargons nouveaux,
> Enfants demi-polis des Normands et des Goths.

Je ne m'amuse pas à juger cette histoire qui fait nos jargons enfants des Normands et des Goths ; elle est plus que sujette à caution ; mais une chose incontestable, c'est que la rime est nécessaire à notre jargon de France.

Elle est nécessaire, elle est indispensable ; sans elle, point de rythme complet, point de poésie. Mais doit-on en conclure que la rime est toute la poésie ? Que tout le travail du poète est d'assembler des rimes ? On l'a prétendu naguère. Théodore de Banville a érigé cette prétention en axiome ; au même endroit où il érigeait en axiome cette énormité consolante pour les imbéciles : Que, dans notre fin de siècle, l'outil des versificateurs est si perfectionné, si maniable, si infaillible, « qu'un imbécile même à qui on a appris à s'en servir, peut, en s'appliquant, faire de bons vers ([1]) ».

---

1. *Petit traité de poésie française* (1883), p. 2.

Avis aux imbéciles. Mais comme ils ne me liront point, arrivons vite à l'autre axiome du rimeur des *Odes funambulesques*. Et pour ne lui rien prêter qui ne soit à lui, transcrivons mot pour mot quelques-unes de ses maximes ; c'est tout le code des petits néo-parnassiens :

1° La Rime est l'unique harmonie des vers et elle est tout le vers (p. 47).

2° Dans le vers, pour peindre, pour évoquer des sons, pour susciter et fixer une impression, pour dérouler à nos yeux des spectacles grandioses, pour donner à une figure des contours plus purs et plus inflexibles que ceux du marbre ou de l'airain, la Rime est seule et elle suffit. *(Ibid.)*

3° L'imagination de la Rime est, entre toutes, la qualité qui constitue le poète. *(Ibid.)*

4° La science de la Rime contient... une ivresse divine (p. 44).

5° On n'entend dans un vers que le mot qui est à la rime (p. 48).

Enfin, la quintessence de tout le *Petit traité de poésie* : le « don surnaturel et divin » du poète, c'est le « don de rimer » (p. 48-51).

Voilà qui eût fait hérisser tous les faux cheveux blonds de Despréaux ; et certes il y aurait eu de quoi. Jamais on n'avait entonné, même en vers, un tel dithyrambe à l'honneur de cette *esclave reine*.

Disons d'abord que le *Petit traité de poésie*, rédigé par M. de Banville, est le plaidoyer d'un rimeur passionné, du collectionneur le plus curieux des rimes les plus drôles (excepté Hugo, bien entendu); c'est l'œuvre du poète, fabricant de nombreuses fantaisies moralement malpropres, qui fait rimer : *C'est ça qui* avec *Madame Saqui ;* les *Philistins* avec les cheveux de *Philis teints ;* l'*heure du thé ramène* avec le *récit de Théramène ;* le *Veau qui tette* avec une *épithète ; vous souffrîtes* avec *pommes de terre frites ;* et *j'arrive de Fréjus* avec *je veux grimper jus...* qu'à la seconde plate-forme de la tour Eiffel. C'est le même qui jadis, en ses *Odes funambulesques,* bâtissait pour les saltimbanques des alexandrins de ce goût et de ces rimes :

> Hourrah ! La grosse caisse, en avant ! Patapoum,
> Zizi, boumboum, zizi, boumboum, zizi boumboum !

Voilà le jongleur, dont le *Petit traité* est le livre de chevet des jeunes, et pour qui l'influence secrète consiste dans le *don de rimer*. M. Brunetière, qui n'y va pas de main morte, écrivait, il y a trois ou quatre ans : « Si l'on prenait à la lettre les prescriptions et les prétendues règles du *Petit traité de la versification française* de M. de Banville, la poésie ne serait bientôt plus qu'un pur badinage et l'or même de la rime se transformerait en clinquant [1]. »

Dans un autre volume, paru presque à la même date, M. Brunetière faisait des concessions et s'abaissait à venger la rime des griefs qu'entassent contre elle des prosateurs, des professeurs, des savants assez ignorants pour ne s'être « jamais enquis de ce qu'est un vers français », et frappant sur ladite rime comme sur

---

1. *Nouvelles questions de critique*, 1893, pp. 310-311.

enclume, en sourds et aveugles. M. Brunetière leur répondait en cinq points :

1º Que des maîtres tels que Sainte-Beuve ont prononcé hardiment : « La rime est l'unique harmonie du vers » ;

2º Que la théorie de Banville, sur l'union étroite de la rime et de la pensée chez le poète, est littérairement vraie et historiquement établie ;

3º Que les Parnassiens ont, dans la pratique, exagéré le rôle, le but de la rime, la recherche de la rime ; surtout lorsqu'ils ont demandé des rimes à des noms propres forgés, ou tirés des jungles de l'Inde, ou renouvelés des Grecs ;

4º Que les mêmes, par amour excessif de la rime, ont « abusé du droit de cheviller » ;

5º Que néanmoins c'est « en effet la rime qui gouverne la constitution du vers français ; et, dans toute œuvre vraiment lyrique, c'est l'entrelacement des rimes qui doit gouverner la constitution de l'ensemble ([1]). »

Quiconque nierait en bloc les trois lignes de ce dernier alinéa prouverait en toute évidence qu'il n'a jamais chevauché un quart d'heure sur le cheval ailé ; ou que ledit cheval l'aura régalé d'une bonne ruade, jusqu'à ce que chute d'homme s'ensuivît. Et cependant, pour être pleinement dans le vrai, ne serait-il pas utile de jeter un tout petit *distinguo* à travers les cinq propositions de M. Brunetière ?

---

1. *Histoire et littérature*, t. II, 1893 ; pp. 217-220.

Certes oui, l'union étroite de la rime et de la pensée chez tous les poètes dignes de ce nom, est chose vraie, certaine, manifeste. Cela revient à dire que, chez un grand écrivain, la pensée et l'expression complète de la pensée marchent de pair. Mais cette union ne se produit point chez tous, selon une loi constante et uniforme. Les états d'âme diffèrent ; le travail de la rime chez Corneille, Racine, Boileau, La Fontaine, ne ressemble guère au travail de la rime chez Hugo, Banville, Leconte de Lisle — je ne veux nommer que les morts. Ceux-ci et ceux-là n'arrivent point par les mêmes méthodes à l'union étroite de la rime et de la pensée. Pour les uns, ceux du dix-septième siècle, la pensée entraîne la rime ; pour les autres, la rime amène la pensée. Quelle est la meilleure méthode ? Toutes deux sont bonnes : toutes deux sont excellentes, quand elles aboutissent à l'union étroite de la pensée et de la rime.

Chez les premiers, l'idée avait une telle poussée qu'elle faisait jaillir l'expression tout entière, image, cadence et rime ; chez nos contemporains, c'est d'ordinaire l'expression, le mot, l'image, le son qui forcent l'idée à venir, à se dégager, à se développer. Après avoir longuement réfléchi, ou même prié, Corneille se mettait à la besogne avec ses Romains ; Boileau *s'évertuait* et « travaillait à loisir. » Les modernes sont davantage bercés au caprice de l'inspiration, comme la Sibylle. Entendez là-dessus les aveux de l'un des plus habiles rimeurs.

La poésie n'est pas un état permanent de l'âme. Les mieux doués ne sont visités par le dieu que de loin en loin. Seul parmi les ouvriers de l'art, le poète ne saurait être laborieux, son travail ne dépend pas de lui... Il faut rester accoudé à son pupitre et attendre que de l'essaim confus des rimes une se détache et vienne se poser au bord de l'écritoire, ou bien il faut se lever et poursuivre dans les bois ou par les rues la pensée qui se dérobe.

Les vers se font de rêverie, de temps et de hasard (¹)...

Les anciens, du dix-septième siècle, au rebours ; ils étaient laborieux et ne laissaient au hasard que ce que la volonté ne lui pouvait enlever. Ils cherchaient la rime, ayant trouvé l'idée ; et quand l'idée n'avait point la vigueur qui commande à toute l'expression, la rime ne venait qu'après des efforts rejoindre l'idée.

Aujourd'hui, l'idée se détache de l'essaim confus des rimes, apportée par la rime qui sonne et qui met l'imagination en branle. Ceci n'est point satire ; c'est un fait. Après Gautier, croyez-en Banville : « L'imagination de la rime est la qualité qui constitue le poète (²)... »

Nos classiques n'avaient guère l'imagination de la rime, le *don de rimer;* ils pensaient d'abord ; et les plaintes de Boileau contre la rime quinteuse et revêche, qui, en face de l'idée à rendre, dit *noir* lorsqu'il faudrait dire *blanc*, ne sont point de simples fictions, ni une amplification du législateur. Boileau, ayant son idée bien arrêtée, exigeait qu'une rime juste vînt s'y coudre et il se fâchait de ses retards, ou de ses écarts.

---

1. Th. Gautier, *Histoire du romantisme*, p. 155.
2. *Petit traité de poésie*, p. 47.

Sur quoi, Banville à qui la rime ne fit jamais faux bond, se gausse de Boileau et de son vers fameux :

> ...Un auteur sans défaut ;
> La raison dit Virgile et la rime Quinaut.

Point du tout ! s'écrie Banville ; la rime dit *Qui-faut*. Soit, pour Banville qui d'abord entend le son et voit la rime ; non, pour Boileau qui d'abord voit l'idée et le nom à clouer au bout de son alexandrin ; et ce nom, c'est Quinaut.

Les classiques, après avoir trouvé et coordonné leurs idées, attendaient la rime, s'il le fallait, dans une recherche calme, patiente, sans fièvre :

> J'attends, de vers en vers, qu'elle daigne venir,

écrit Boileau. Corneille la demandait à son frère, par une trappe ; Racine avait déjà couché toute sa pièce sur le papier, en prose, quand il se mettait à rimer. La marche habituelle des artistes de notre siècle est autrement fiévreuse ; ils sont saisis, secoués, tiraillés ; Hugo raconte comment la rime tourbillonne autour de son chevet, qu'elle l'empoigne, le pousse et l'emporte, que le vers, « étrange et fauve oiseau », voltige près de lui, tandis qu'il ronfle « comme un bœuf ».

> Je ronflais comme un bœuf ; laisse-moi. C'est stupide.
> Ciel ! déjà ma pensée, inquiète et rapide,
> Fil sans bout, se dévide et tourne à ton fuseau.
> Tu m'apportes un vers, étrange et fauve oiseau...
> Est-ce que je dors, moi ? dit l'idée implacable ;
> Penseur, subis ta loi ; forçat, tire ton câble.
>
> (Insomnie, *Contempl.*, III.)

Et le forçat tire son câble, fil sans bout. Une rime a bourdonné; elle sonne; elle en appelle une autre, dix autres; les idées s'agitent, s'illuminent, s'enchaînent et courent, courent, courent; le poème est fait.

V.

Les anciens, en face d'une œuvre à produire, s'interrogeaient longuement : Voici un bloc de marbre ; qu'en fera mon ciseau ? sera-t-il dieu ? sera-t-il homme ? Une fois que leur choix était arrêté, ils traçaient les linéaments de l'œuvre future ; puis se mettaient résolûment au travail, quittes à s'y reprendre « vingt fois ». Ils s'étaient promis d'exprimer ce sentiment, de traduire cette passion, de fouiller ces replis d'âme humaine ; ils y arrivaient coûte que coûte ; ils y pliaient le langage rebelle, les rimes capricieuses. Ils criaient à la rime : Tu viendras ! Elle venait en rechignant, quelquefois assez pauvre ; mais rarement elle venait seule. Je dis rarement ; il ne faut rien exagérer ; nos classiques, même les plus austères, se sentaient quelquefois solliciter par une rime : comme les prosateurs se sentent attirer, eux aussi, à écrire, par une expression heureuse, par un mot qui vient et les invite. Vous savez l'aveu de Boileau : La rime !

> Je la vois qui paraît quand je n'y pense plus ;
> Aussitôt malgré moi tout mon feu se rallume,
> Je reprends sur-le-champ le papier et la plume.

Tous les poètes connaissent ces inspirations subites ; tous savent que, pour ressaisir les idées qui hésitent, pour aiguillonner la fantaisie et l'emporter vers les hauts espaces, « les rimes sont des dents, des ongles, des ailes (¹) ». Mais pour les anciens, ce n'était là qu'un phénomène passager.

Les modernes sont plus extérieurs, plus sensibles aux bruits du dehors ; à l'appel du carillon des rimes, leurs métaphores se déroulent et se déploient ; leurs sentiments (s'il ne s'agit point d'œuvres *marmoréennes*) se déchaînent ; leurs couleurs éclatent ; le poème marche. Pour la poésie lyrique surtout, la rime crée le mouvement et règle la strophe. Pour toute sorte de poésie moderne, le vers prend l'allure que la consonne finale lui imprime ; et Hugo était dans le vrai, quand il saluait « la rime, cette esclave-reine, cette suprême grâce de notre poésie, ce générateur de notre mètre (²) ». Personne mieux que Hugo n'était en mesure d'affirmer l'influence de la rime sur le mètre, sur l'inspiration, sur la composition modernes. Pour peu que vous soyez initié au métier, ouvrez la *Légende des siècles*, les *Châtiments*, l'*Ane*... et le reste : et vous verrez comment la rime gouverne le poète et le mène.

S'il s'agit d'une bluette, d'une odelette, comme telle et telle page des *Émaux et Camées*, d'un

---

1. L. Veuillot, *Odeurs de Paris*, VIII.
2. *Préface de Cromwell*.

sonnet à la façon des *Trophées* de M. de Hérédia, les rimes sont là choisies, vibrantes, rangées en bel ordre, attendant que le poète y ajuste une pensée et des phrases, qu'il y adapte son rythme, en vue des consonances voulues. Les rimes font la loi à l'artiste qui cisèle, creuse, martèle, tréfile ses idées et ses vers, en prenant mesure sur la dernière syllabe. Encore toutefois qu'il ne travaille point en bouts-rimés; les bouts-rimés étant faits avec des rimes venues sans raison, à la file, auxquelles on accole tant bien que mal un sens quelconque. Dans le premier cas, il y a œuvre d'art; dans l'autre, effet de hasard et jeu des quatrièmes pages de journal.

Les poètes ne font qu'œuvre d'art. Insistons encore sur les différences de méthode et de manière. Les modernes travaillent plus en dehors; les anciens, plus en dedans : d'où il suit que les modernes ont des images plus colorées, des rimes plus éclatantes. Les rimes des classiques ont pour richesse principale moins le son que le sens. Après avoir cité la tirade cornélienne de *Cinna* aux conjurés :

Lui mort, nous n'avons point de seigneur, ni de maître...,

M. Paul Stapfer examine et pèse les rimes de Corneille et il conclut, fort justement, à mon avis : « La richesse des rimes de Corneille consiste beaucoup moins dans la quantité de lettres ou de syllabes pareilles alignées les unes au-dessous des autres, que dans l'importance et la sonorité des mots, dont le grand poète a instinctivement fait choix pour terminer chacun de ses vers. *Main* et *sein*, *sacrifice* et *propice*, *maître* et *renaître*, ne sont, par elles-mêmes, que des rimes suffisantes ; mais ce sont les mots nécessaires ; et la valeur solide de l'idée communiquant sa force à la rime, celle-ci fait dès lors aussi bonne figure pour le moins que si elle s'appuyait sur un cortège brillant de consonnes (1). »

Quelle que soit l'école dont on se réclame, on doit une attention plus qu'ordinaire au mot de la rime. L'écolier plante au bout de sa ligne une épithète quelconque ; le rimeur y cloue le premier objet qui rutile et qui sonne ; le poète choisit le mot de la fin avec un soin de penseur et d'artiste : il y mettra presque toujours « substantif ou verbe, ou bien épithète colorée, concrète (2) ». Si le mot est insignifiant, le vers tombe à plat, ou il boite. Le son ne relève pas un mot faible et inutile ; dans les beaux vers, le dernier mot ne saurait être ni déplacé, ni remplacé. Mais comment rencontrer toujours un mot heureux pour cette place ? Les classiques répondent : Ayez des idées. Les modernes : Les belles chevilles y suffisent. Lisez Banville :

... Tant que le poète exprime véritablement sa pensée, il rime bien ; dès que sa pensée s'embarrasse, sa rime aussi s'embarrasse, devient faible, traînante et vulgaire, et cela se comprend de reste, puisque pour lui pensée et rime ne sont qu'un. S'il a eu des visions nettes et éclatantes, elles se sont

---

1. *Racine et V. Hugo*, p. 281.
2. Clair Tisseur, *Modestes observations*, p. 207.

traduites à son esprit par des rimes sonores, variées, harmonieuses, décisives...

Le reste, ce qui n'a pas été révélé, trouvé ainsi, les soudures, ce que le poète doit rajouter pour boucher les trous avec sa main d'artiste et d'ouvrier, est ce qu'on appelle les CHEVILLES...

Il y a autant de chevilles, dans un bon poème que dans un mauvais...

Toute la différence, c'est que les chevilles des mauvais poètes sont placées bêtement, tandis que celles des bons poètes sont des miracles d'invention et d'ingéniosité (pp. 59-61).

Et voilà le dernier secret de la rime, le dernier effort du génie : trouver des chevilles d'argent pour y attacher des grelots d'or. Cette rime est superbe : elle doit rester là ; je le veux ; elle y restera. Mais comment l'y fixer ? A l'aide d'une cheville ; c'est à savoir, en clouant là, de gré ou de force, un mot, une phrase, un vers, dont l'unique raison d'être sera de garder la rime à cette place. Tout n'est pas faux, ni même absurde dans ce système des chevilles ; et ce système, porté aux nues par le poète des *Odes funambulesques*, n'est pas même neuf. Boileau le connaissait bien et il en riait, et il appelait ces vers de remplissage, dont la fonction est d'amener une consonance pour garantir l'autre, des *frère-chapeau :* par allusion aux religieux qui, dans leurs visites à de grands personnages, étaient accompagnés d'un *socius*, gardien de leur chapeau, durant l'entrevue.

L'art des chevilles est une petite affaire de métier. C'est tout l'art de Banville ; et s'il rime dru, il cheville de même.

L'œuvre du romantisme semble s'être réduite pour lui à la régénération de la rime. Il fait de la rime le principe et la fin de toute poésie. C'est à la rime qu'il demande le secret d'une nouvelle langue comique versifiée...

Ne lui demandons pas autre chose que l'agilité, l'adresse, la grâce vive et souple d'un clown...

Et le clown a pour tremplin la rime. Tout ce qu'il y a chez lui d'éclat, de prestige, de charme et d'esprit, il faut le chercher au bout du vers. Sa muse, c'est la consonne d'appui (1).

Et cette muse va quérir ses inspirations non point dans les sentiers ombreux du Parnasse, ni sous l'if et le chèvrefeuille de Despréaux, mais sur le boulevard, ou le long des colonnes du Dictionnaire de Napoléon Landais et L. Barré. Entre temps, elle égrène des strophes de cette manière à la porte de l'Institut :

> L'Académie est un phénix
> Riant comme Cypris dans l'île ;
> Et certes elle a monsieur X,
> Mais elle a Leconte de Lisle.
>
> Elle reçoit dans un salon
> Cette duchesse, l'Épopée ;
> Tu dois aimer l'endroit où l'on
> Voit Sully-Prudhomme et Coppée.

La Muse qui joue ces petits airs, qui fabrique ces chinoiseries, et qui danse sur la corde roide près de Mme Saqui, avait le droit de dire aux poètes : La rime et la cheville, c'est toute la poésie ; et Banville n'eut point tort d'affirmer que même un imbécile peut faire de bons vers. Ce métier-là s'apprend, comme la menuiserie, la pâtisserie et l'art de planter des choux.

---

1. Georges Pellissier, *Le Mouvement littéraire au XIXᵉ siècle*, pp. 278-279.

VI.

Laissons cette Muse à ses occupations et parlons de la poésie, à laquelle la rime rend des services dont les profanes se doutent peu.

Sans la rime, point de vers ; sans la rime, point de beaux vers. La recherche sérieuse de la rime est féconde pour la pensée ; par la raison que tout effort réglé de l'artiste, effort où l'intelligence, l'imagination, la sensibilité, la volonté même, ont une part active, vivifie cette pensée en lui créant une forme ; ou, plus brièvement, par la raison que « travailler le style, c'est travailler la pensée [1] ». Dans le style du vers, la rime tient nécessairement la première place.

Je regrette que Boileau n'y ait pas appuyé, dans ses plaintes, qui sont un peu des éloges. Chercher la rime, c'est chercher, non pas un son en l'air, mais un mot porteur d'une idée ; et personne n'ignore que plus on avance à la poursuite d'une idée, plus on découvre d'horizons. A qui veut en trouver une, il en arrive souvent plusieurs, toute une avalanche, où il ne reste qu'à choisir. Du choc de deux consonances jaillit un rapprochement non soupçonné, une antithèse et tout un développement riche en aperçus nouveaux. A courir après une rime, on peut gagner plus qu'un poème.

Quelle que soit la nature des vers, que l'on mesure les syllabes ou qu'on les compte, il y a

---

1. P. G. Longhaye, *Théorie des belles-lettres*, l. III, ch. I, § 2.

pour le poète une peine artistique à prendre, une souffrance à éprouver. Boileau gémit du mal qu'il se donne pour rencontrer la rime :

> Dans ce rude métier où mon esprit se tue,
> En vain pour la trouver, je travaille, je sue.

Suer est une métaphore, et c'est une métaphore peu distinguée. Mais dans la réalité, il y a pour les vrais poètes de ces sueurs de l'âme ; toute œuvre, même rimée, vaut ce qu'elle coûte.

Un poète aimable, de la fin du grand siècle, parlant de la peine qu'impose la « gêne de la rime », aboutissait à cette conclusion juste :

> La gêne de la rime fait souvent dire au mauvais Poète, ou plus, ou moins, ou toute autre chose qu'il ne voudroit dire; au lieu qu'elle fait souvent trouver au bon des idées naïves et des saillies heureuses, qu'il n'auroit jamais imaginées sans cet aiguillon ([1]).

Cet avis était celui de presque tout le monde, en ce temps-là :

> La contrainte de la Rime... Ce ne doit être une difficulté que pour les petits esprits, qui se laissent maîtriser à cette servitude ; dont se servent les grands génies pour donner plus de force à leurs pensées et plus de grandeur à leurs sentiments ([2]).
>
> — Il est constant que l'effort d'un Auteur, occupé à chercher ces rimes et ce nombre, fait souvent naître une infinité d'images heureuses qu'on croiroit s'être offertes tout à coup.
>
> Il arrive même qu'on trouve alors bien plus qu'on ne cherchoit, ou qu'on fait des découvertes ausquelles on ne pensoit pas, ainsi qu'il se rencontre souvent dans les recherches de la physique ([3]).

---

1. P. du Cerceau, *Réflexions sur la Poésie françoise*, p. 367.
2. P. Rapin, *Réflexions sur la Poëtique*, XXXIII.
3. Duval, de Tours, *Nouveau choix de Poësies* (1715) ; préface.

Au demeurant, les méchants poètes, les *rimeurs*, les prosateurs que ne touche, ni de près ni de loin, l'influence secrète, sont les seuls qui aient perdu leur encre, et exhalé leur bile, au sujet des difficultés et entraves de la rime. Les vrais artistes, au rebours, éprouvent une joie exquise à remuer péniblement les syllabes sonores ; au fond de cette « gêne » se cache un plaisir qui compense, et au delà, les tortures intimes. Après avoir félicité, en vers, Molière son ami, de ne point endurer ces misères-là, Boileau avouait tout bas, en prose, que, si Molière s'était un peu plus mis à la gêne pour rimer difficilement, bon nombre de ses vers en vaudraient mieux. Et Boileau, quand il légifère, déclare, à bon escient, et après Ronsard, que pour venir à bout de ces difficultés, il suffit de vouloir, de s'évertuer — bref, de ne point se laisser mener par la rime : le poète, surtout le jeune, doit être maître chez soi :

> Lorsqu'à la bien chercher d'abord on s'évertue,
> L'esprit à la trouver aisément s'habitue :
> Au joug de la raison sans peine elle fléchit,
> Et, loin de la gêner, la sert et l'enrichit.

Malgré les quatre rimes en verbes, ce quatrain compte parmi les meilleurs de l'*Art poétique*. Pas un romantique, ni un parnassien, n'a réclamé contre ces lois de l'expérience. C'est en rimant, qu'on apprend à rimer ; rimez en toute rigueur, sans une faiblesse ; vous rimerez bientôt en toute justesse, sonorité, variété, plénitude.

La difficulté de la rime ! écrivait jadis le P. du Cerceau : « difficulté... la plus petite du monde... Un peu d'exercice et d'habitude en fait bientôt raison ; et la facilité en ce genre est une de ces choses qui s'acquièrent sans beaucoup d'esprit et sans beaucoup d'habileté (1). » Écoutez maintenant un poète moderne, qui rima richement de nobles pensées :

C'est une grande erreur de croire le poète asservi par les lois du rythme. La rime elle-même, si arbitraire et si impérieuse qu'elle paraisse, sert très souvent la pensée et ne la gouverne jamais, sous une plume tant soit peu inspirée. Les sacrifices faits à la rime par les vrais poètes sont très rares (2).

« Jamais, disait l'abbé de Pure de son ami le grand Corneille, jamais la rime ne l'obligea d'extravaguer (3). » C'est que Corneille, en véritable romain, restait, en rimant, maître de lui, comme Auguste de l'univers. La difficulté de la rime, n'en parlez jamais devant un poète sérieux ; il se moquera de vous gentiment ; ou bien il vous récitera une ou deux strophes d'Amédée Pommier, pour vous prouver, pièces en main, que la rime, si on le veut, on en fait tout ce que l'on veut :

> La rime est oiseau farouche,
> Qui pour un rien s'effarouche,
> Fuyant la main qui le touche
> Et sujet au vertigo :
> Mais on la rend familière,
> On la met dans sa volière,
> Quand on s'appelle Molière,
> Et qu'on est Victor Hugo...

---

1. *Réflexions sur la Poésie françoise*, pp. 297-298.
2. V. de Laprade, *Question d'art et de morale*, V.
3. Corneille, édit. Marty-Laveaux, t. V, p. 479.

> J'en décore mes ballades,
> J'en compose des roulades ;
> Je dispose en enfilades
> Leur assortiment coquet ;
> En longs colliers je les noue ;
> Je leur dis : Faites la roue !
> Avec elles je me joue
> Comme avec un bilboquet.

Un bilboquet ! Voilà de quoi vous scandaliser si jamais vous n'avez joué des rimes, si jamais vous n'avez lu de poètes contemporains, ou si vous n'avez lu que des sottises en rimes très riches. Hélas ! cela pullule. Et dans tous les siècles littéraires, personne n'a fait plus de tort à la raison et à la rime, qu'une légion très considérable de gens qui écrivent en vers. Les prosateurs ont beau jeu à répéter ensuite que la rime hait la raison ; que la rime tue la raison ou l'enchaîne et la maltraite : donc, qu'il faut supprimer la rime. Le vin aussi tue la raison, il la noie, il l'abêtit : on ne l'a pas encore supprimé pourtant. Espérons que ces deux bonnes choses, qui vont si bien ensemble, dureront aussi longtemps l'une que l'autre.

VII.

Ce qui étonne, c'est qu'en un siècle où l'on avait poussé aussi loin que possible l'accord de la rime et de la raison, un homme se soit rencontré parmi les plus illustres, admirable poète en prose, qui écrivit un grave réquisitoire contre la rime ennemie de la raison ([1]). Cet homme,

---

1. *Lettre à l'Académie*, V. Projet de Poétique.

vous le connaissez aussi bien que moi, c'est Fénelon ; mais vous n'avez pas oublié le mot du grand Roi : « M. de Cambrai, c'est le plus bel esprit et le plus chimérique de mon royaume. » Une chimère de Fénelon, ce fut son inimitié contre la rime, et une autre, son goût pour la rime faible. Relisons et tâchons de répondre en courant :

1º « Notre versification, dit Fénelon, perd plus, si je ne me trompe, qu'elle ne gagne par les rimes ; elle perd beaucoup de variété, de facilité et d'harmonie. » — Mais sans la rime, elle perdrait à peu près toute harmonie et tout rythme ; elle y gagnerait la facilité déplorable des vers blancs ; ou plutôt, il n'y aurait plus de vers du tout : il y aurait la prose de *Télémaque* ; ce serait beaucoup, mais pas assez pour nous consoler d'une scène d'*Athalie*, d'une fable du *fablier*.

2º « Souvent la rime, qu'un poète va chercher bien loin, le réduit à allonger et à faire languir son discours. » — Cela dépend du poète, non de la rime. Au reste, du temps de Fénelon, les rimes des grands poètes ne venaient pas de loin : c'étaient les plus simples rimes du monde et les moins *cherchées*.

3º « Il lui faut deux ou trois vers postiches pour en amener un dont il a besoin. » — Au plus, un vers postiche ; et le poète a tort, qui fait des vers postiches ; ce n'est point la faute de la rime.

4º « La rime ne nous donne que l'uniformité

des finales, qui est souvent ennuyeuse, et qu'on évite dans la prose. » — Oui, certes, dans la prose ; mais les vers ne sont point la prose. Et puis cette phrase assez singulière revient à dire : La rime n'est que la rime. On s'en doutait.

5° « En relâchant un peu sur la rime, on rendrait la raison plus parfaite. » — Juste, comme en se relâchant sur le style, on rendrait plus parfaite la pensée. Hélas ! on relâcha un peu sur la rime, après Fénelon ; et la raison n'y gagna point.

6° « La versification des Grecs et des Latins était sans comparaison moins gênante que la nôtre : la rime est plus difficile elle seule que toutes leurs règles ensemble. » — Et ceci est le plus beau paradoxe, et le plus étrange, qui soit tombé de la plume de M. de Cambrai. Le doux Fénelon en voulait à la rime comme à une ennemie personnelle. Quelques mois avant de lui intenter ce procès en règle en pleine Académie, il l'avait fait à huis clos, avec son ami La Motte-Houdart. Il faut encore le citer, car enfin tout ce que dit un grand homme, même quand il se trompe, mérite considération. Fénelon se trompe à chaque mot ; mais aussi personne n'a rien trouvé de plus fort contre la pauvre rime :

> La rime gêne plus qu'elle n'orne les Vers. Elle les charge d'épithètes ; elle rend souvent la diction forcée et pleine d'une vaine parure. En allongeant les discours, elle les affaiblit. Souvent on a recours à un vers inutile pour en amener un bon. Il faut avouer que la sévérité de nos règles a rendu notre versification presque impossible (1).

---

1. Lettre du 20 janvier 1714.

Oh ! *presque* seulement !... La Motte-Houdart, quoique mal disposé à l'endroit de la rime, tout comme à l'endroit d'Homère, se crut obligé de répondre. Très pâle rimeur de l'*Iliade*, poète médiocre de tragédies, fabuliste aimable, le meilleur après La Fontaine et avant Florian, La Motte était homme d'esprit et il écrivait une prose alerte qui charmait Fénelon. En cette prose, il plaida la cause de la rime et il dit des choses fort sensées ; voyez sa lettre du 15 février 1714.

Mais si vous lisez son *Quatrième Discours sur le Poème dramatique*, vous serez tenté de croire qu'il fut gagné par la prose de M. de Cambrai ; vous en serez convaincu, si vous lisez la *Suite des réflexions sur la Tragédie*, où La Motte s'appuie sur le témoignage de Fénelon et daube à son tour contre la rime, cette ennemie du genre humain. C'est que, juste en ce temps-là, les habitués du salon de Mme de Lambert, La Motte-Houdart, Fontenelle, deux ou trois petits abbés et un géomètre inventaient contre la rime la quantité, la césure, presque toutes les idées que prônent les décadents de 1897.

Au commencement du dix-huitième siècle — pauvre siècle ! — il y eut toute une levée de guitares contre la rime. On cria, on écrivailla, et, selon l'usage, on s'injuria. Ce fut une *Querelle de la rime*, faisant suite à la *Querelle des Anciens*, et à la *Querelle d'Homère*. Dans la mêlée, on distingua des prosateurs tels que du

Bos et le digne abbé Trublet, des savants et je ne sais combien de mathématiciens ; puis des versificateurs, en tête desquels marchaient La Motte-Houdart et Voltaire — ce qui ne les empêcha point de rimer à outrance. Quant à leur façon de composer, voici le portrait non flatté que nous en donne La Motte ; au moins, la caricature est gaie :

> ...Nous tâchons de découvrir aux environs de notre pensée quelques rimes qui nous fassent entrevoir un sens aisé à lier avec ce que nous avons déjà dans l'esprit. S'il ne s'en présente que d'éloignées, nous les rejettons bien vite, en désespérant de les assujettir à nos vûës.
>
> S'il s'en présente une plus heureuse, elle devient une espèce de bout-rimé qu'il faut remplir ; nous marchons ainsi de raisonnement en raisonnement, pour trouver notre compte, et l'on peut dire que le hazard des rimes détermine une grande partie du sens que nous employons.
>
> De là ces ongles rongez, ce front sourcilleux, ces gestes irréguliers qui sont comme le véhicule des idées et qu'on appelle si mal à propos enthousiasme [1]...

Voltaire renchérit sur La Motte. On dirait que ces pauvres gens avaient rongé les ongles de leurs dix doigts, arraché tous leurs cheveux, et gagné un nombre considérable de foulures à remuer les bras pour *véhiculer* leurs petites idées sur leurs misérables rimes. Voltaire, dans ses *Lettres sur Œdipe*, se plaint amèrement de ce qu'il y a, selon Voltaire, si peu de rimes françaises. Voici quelques-unes de ses plaintes, qui feront rire tous les gens du métier :

---

1. Voir *Journal des Sçavans*, avril 1730. — Voir aussi *Mémoires de Trévoux*, mai 1730, et *Bibliothèque* de Goujet, *loc. cit.*

> ...L'assujettissement à la rime fait que souvent on ne trouve dans la langue qu'un seul mot qui puisse finir un vers ; on ne dit presque jamais ce qu'on voulait dire ; on ne peut se servir du mot propre ; et l'on est obligé de chercher une pensée pour la rime, parce qu'on ne peut exprimer ce que l'on pense. (Lettre v.)

Qu'un écolier de troisième s'abandonne à pareille déclamation, rien d'étonnant ; mais que l'émule (je ne dis pas le rival) de Racine, que le futur éplucheur de Corneille avoue en ces termes le mystère de sa gueuserie poétique, c'est invraisemblable : on ne lui connaissait point cette sincérité. Il dicte par avance, et ratifie sans le vouloir, le jugement de nos critiques contemporains, qui définissent Voltaire « ce rimeur, le plus indigent des rimeurs [1]. » Du moins, sa *Lettre sur Œdipe* s'adresse à un Français ; ailleurs, le futur correcteur des vers du roi de Prusse accuse devant un Anglais, milord Bolingbroke, les poètes de France d'être enchaînés et rivés misérablement à la rime : écoutez-le :

> ...Un poète anglais est un homme libre qui asservit sa langue à son génie ; le Français est un esclave de la rime, obligé de faire quatre vers pour exprimer une pensée qu'un Anglais peut rendre en une seule ligne. L'Anglais dit tout ce qu'il veut ; le Français ne dit que ce qu'il peut [2].

Voltaire flatte bassement l'Anglais. On devine du reste que ces calomnies dont il charge notre langue et nos rimes, ont pour but de préparer les lecteurs de *Brutus* à prononcer que, malgré les terribles entraves de la langue et de la rime,

---

1. J. Lemaître, *Les Contemporains*, 1re série, p. 10.
2. *Discours sur la Tragédie* : Préface de *Brutus*.

M. de Voltaire a écrit un chef-d'œuvre. Quel homme! Quel vainqueur!... Dans le *Dictionnaire philosophique* (¹), Voltaire, auteur de quinze ou vingt tragédies, et n'ayant plus à conquérir ses lecteurs, traite de haut les rimeurs ses confrères. Il leur dit carrément que, si la rime les gêne, c'est qu'ils sont maladroits et « médiocres », et qu'ils ne lui vont pas à la cheville :

> Il est vrai que la rime ajoute beaucoup à l'ennui que nous causent tous les poèmes qui ne s'élèvent pas au-dessus du médiocre : mais c'est qu'alors l'auteur n'a pas eu l'adresse de dérober aux lecteurs la peine qu'il a ressentie en rimant ; ils éprouvent la même fatigue sous laquelle il a succombé. C'est un mécanicien qui laisse voir ses poulies et ses cordes ; il en fait entendre le bruit choquant ; il dégoûte, il révolte...

Oui, ou il endort ; comme la plupart de vos œuvres dramatiques et surtout votre *Henriade*, messire ; d'où il s'ensuit que,

> L'ennui comme en son fort gît dans la *Henriade ;*
> Ce bahut héroïque, à dix compartiments,
> Est l'entrepôt du somme et des lourds bâillements (²).

La mode est passée d'invectiver contre les entraves de la rime ; quiconque se permet (il en est qui se le permettent) de renouveler ces philippiques d'antan, ne prouve rien et gaspille son encre. Tout le monde peut bien rimer ; la difficulté ne gît plus à bien rimer ; le danger, au contraire, est de rimer trop bien.

Verlaine lui-même, ce pauvre estropié de cervelle qui eut des lueurs et peut-être des éclairs ;

---

1. Au mot RIME.
2. L. Veuillot, *Satires :* UN POÈME ÉPIQUE.

Verlaine l'oracle, le législateur, le modèle, l'idéal des « innocents ratés », soupçonna les abus des rimes trop facilement millionnaires. Et Verlaine, un jour de bon sens, traduisit cette *lueur* en ces lignes boiteuses de neuf pieds :

> Prends l'éloquence et tords-lui son cou ;
> Tu feras bien, en train d'énergie,
> De rendre un peu la Rime assagie ;
> Si l'on n'y veille, elle ira jusqu'où ?
>
> O qui dira les torts de la Rime ?
> Quel enfant sourd ou quel nègre fou
> Nous a forgé ce bijou d'un sou,
> Qui sonne creux et faux sous la lime (1) ?

Pauvre rime ! voilà le coup de pied du rimeur.

Finissons ce long chapitre sur la nature, la nécessité, les avantages et les difficultés de la rime, par quelques bons vers, passablement rimés, mieux pensés encore. On croirait, à première vue, qu'ils sont de Boileau : et de fait, la princesse qui les a écrits fut appelée le « Boileau des femmes ». Si la princesse de Salm-Dyck avait employé toute sa vie à rimer dans ce goût, j'accorderais volontiers et généreusement à ce Boileau des femmes des éloges que l'on est obligé de lui mesurer :

> Qu'est-ce donc que la RIME ? Une chaîne légère,
> Que s'impose l'esprit, que l'école exagère :
> Un charme à la mesure ajouté savamment,
> Mais qui ne doit gêner l'art ni le sentiment ;
> Qui, juste sans effort, élégant sans emphase,
> Soumis à la pensée et soumettant la phrase,

---

1. *Romance sans paroles.*

De la mode et du temps a pu subir les lois,
Dont il faut reconnaître et soutenir les droits ;
Mais dont le fol excès, dans sa monotonie,
Serait le désespoir et la mort du génie.

Que le génie ne craigne rien de la rime ; mais si le génie a du bon sens, qu'il respecte les lois et usages de la rime, en se préservant de ses caprices. C'est de ces lois et de ces caprices que nous parlerons dans les pages qui vont suivre.

CHAPITRE V.

LES LOIS DE LA RIME.

Lois des belles rimes. — La rime riche. — Conditions et qualités de la richesse. — Ses excès.

I.

IL existe des classifications minutieuses pour les rimes, tout ainsi que pour les animaux, les végétaux, les minéraux, et pour beaucoup d'autres choses, y compris les figures de rhétorique. Il serait plus simple, et surtout pratique, de répartir les rimes en deux seules catégories, comme les champignons, et de dire : Il y a les bonnes rimes et les mauvaises. Mais les savants ont tout classé, tout étiqueté, dans les prosodies, aussi bien que dans les musées. Force nous est d'imiter les savants et de numéroter les espèces.

1º Au point de vue des sons, plus ou moins identiques, la rime est *riche*, ou, pour parler la langue de nos aïeux, *léonine ;* voire *surabondante, millionnaire ;* ou bonnement, *suffisante*, ce qui signifie d'ordinaire *indigente ;* elle peut même, quand elle n'atteint pas la médiocrité nécessaire, être défectueuse, vicieuse, lâche : les épithètes ne manquent point dans les livres.

2º Au point de vue de la sonorité forte ou faible des syllabes, les rimes sont *masculines* ou *féminines*.

3° Si on les examine par rapport au nombre des sons identiques qui se suivent, il en est de *monorimes*, de *régulières*, de *redoublées*.

4° Quant à la disposition des sons, les rimes sont *plates, croisées, mêlées, en écho ;* et si l'on remonte, pour mémoire, aux jeux des Crétin, Molinet, Meschinot et Marot, on a la rime *annexée, fratrisée, enchaînée, couronnée, empérière, équivoque, batelée, renforcée ;...* et peut-être que j'en oublie. Mais s'arrêter à ces merveilles-là, c'est, disait Pasquier, « se faire tort à soy-mesme en épinochant sur ces pointilles ».

5° D'après l'origine de certains sons dont on fait des rimes, il y a des rimes *normandes, parisiennes, gasconnes, chartraines* et d'autres, sans doute.

6° D'après la valeur des lettres qui composent les syllabes finales, on a les rimes *pour l'oreille*, — les seules vraies rimes, — et d'autres qui sont dites rimes *pour les yeux*.

7° Si l'on considère l'effet produit par les consonances, on trouve les belles et agréables rimes, des rimes pour rire, *burlesques*, et depuis M. de Banville, *funambulesques*.

8° Appliquées aux poèmes à forme fixe, sonnet, rondeau, sextine, et combien d'autres, la rime a des allures régulières qui prennent les noms des dits poèmes ; et pour une forme en particulier, on n'a pu encore lui trouver un nom français : cela s'appelle *terza rima*.

Pour un certain nombre de ces merveilles,

j'invite mes lecteurs qui en auraient le goût et le loisir à consulter les Prosodies et Traités de versification ; sans omettre les Dictionnaires de rimes, en commençant par l'*Art poétique* du bon Sibilet « pour l'instruction des jeunes studieus et encore peu avancés en la Poésie françoise ».
— Je suppose mes lecteurs *studieus* et *avancés ;* il s'ensuit que je leur parlerai d'abord, surtout, et au long, des belles rimes. On les appelle d'ordinaire riches et heureuses, deux termes qui ne s'excluent point, lorsqu'il s'agit des rimes ; leur richesse vient plutôt de l'exactitude et plénitude du son ; leur bonheur, plutôt du mot choisi qui porte la syllabe consonante.

Et avant de passer plus outre, je ne veux pas négliger une remarque savante et généreuse de l'allemand Tobler. On serait peut-être taxé de chauvinisme à dire qu'aucune langue n'égale la nôtre pour la richesse et la variété des syllabes finales. Le témoignage d'un docte professeur de Berlin semblera plus impartial ; et le voici. Selon Tobler, la langue la plus fournie de consonances finales diverses, c'est la française. Selon Tobler : « La langue française rend la rime très facile ; plus facile peut-être qu'aucune autre des langues qui lui sont congénères ([1]). » Tobler dit vrai; sauf en ce point — car Tobler n'est point poète — que l'abondance des rimes les rend faciles à trouver ; il ignore combien de peine le poète doit se donner pour choisir : l'embarras du choix

---

1. *Les Vers français*, p. 158.

est une grosse difficulté. Mais Tobler a raison d'avouer qu'en aucune autre langue il n'existe autant de finales variées, autant de rimes.

En plus des richesses communes ou particulières, nous avons toutes les combinaisons de nos syllabes nasales ; et nous avons l'incroyable diversité des consonances féminines. Vers 1789, on se doutait à peine de ces incomparables ressources de notre langue, et cette ignorance était un abus ; beaucoup plus criant que la plupart de ceux auxquels les rêveurs affolés (presque tous rimeurs indigents) prétendaient offrir un remède : « A la fin du dix-huitième siècle et sous le premier Empire, on ne savait plus, écrit M. de Banville, qu'une vingtaine de rimes, pauvres, niaises, inexactes et toujours les mêmes. Il fallait les amener forcément, puisqu'on n'en avait pas d'autres, et puisqu'on n'en savait pas d'autres ([1]). »

Évidemment, *vingt* rimes, c'est le plus bas mot ; mais en multipliant vingt par dix, on aurait, à peu de chose près, le chiffre le plus élevé des rimes françaises dont les rimeurs usaient et abusaient alors jusqu'au dégoût.

La richesse et le bonheur des rimes exigent :

1º L'identité de son. Et cela va de soi : la nature de la rime le veut ; un son inexact est un grincement : l'oreille attend une consonance identique à la première syllabe ; plus l'oreille est délicate, plus elle réclame et plus elle goûte

---

1. *Petit Traité*, p. 65.

cette homophonie. Suivant M. Becq de Fouquières, l'homophonie heureuse et riche comprend l'identité de la voyelle, des articulations qui suivent, et de l'une au moins des articulations qui précèdent :

> Je suis jeune, il est vrai; mais aux âmes bien nées,
> La vertu n'attend pas le nombre des années,
> <div align="right">(Corneille, <i>Le Cid</i>.)</div>

> Pour moi, satisfaisant mes appétits gloutons,
> J'ai dévoré force moutons.
> (La Fontaine, *Les Animaux malades de la peste*.)

L'articulation qui précède s'appelle chez les gens du métier : *consonne d'appui*. On disait, au dix-septième siècle, *lettre d'appui;* ce terme plus général est plus exact : souvent en effet, l'appui vient d'une voyelle : *néant-géant, cierge-vierge;* ou même d'une diphtongue: *Louis, éblouis*. Dans l'exemple ci-dessus, *moutons* et *gloutons*, il y a double articulation, d'une consonne et d'une diphtongue.

On connaissait la lettre d'appui chez les classiques. En 1685, le P. Mourgues recommandait fort la rime à *lettre d'appui*, par la raison « qu'elle flatte plus agréablement l'oreille ([1]) ». Elle flatte l'oreille, parce que l'homophonie est plus complète; elle charme l'esprit, parce que le mot — chez les vrais poètes — est mieux choisi ; elle réjouit les initiés, parce qu'ils sentent là, non seulement un jeu savant, mais un effort de volonté artistique. Les autres rimes, les suffi-

---

1. *Traité de la Poésie française*, p. 33.

santes, s'attrapent au vol. Les rimes riches, à lettres d'appui, veulent être chassées, et ne se laissent prendre que par les meilleurs Nemrods de la poésie.

Les romantiques, pour renouveler l'art, renouvelèrent en premier lieu les rimes à lettres d'appui. Je dis *renouvelèrent*, et non point *inventèrent* ou *découvrirent*, ce qui serait une grosse erreur. Et très grosse est l'erreur de M. Becq de Fouquières décrétant ceci, d'un ton absolu : « Le régime de la rime suffisante est celui du vers classique, tandis que celui de la rime pleine est celui du vers romantique ([1]). » Cela est vrai et faux. Le régime de Ronsard, de Malherbe, de Saint-Amand était celui de la rime pleine et souvent à lettre d'appui ; Corneille, lui aussi, rime souvent en rime pleine et riche. Prenez au hasard, dans *Polyeucte ;* lisez ces alexandrins de l'acte IV, scène troisième :

> Seigneur, de vos bontés il faut que je l'obtienne ;
> Elle a trop de vertus pour n'être pas chrétienne...
> Les bontés de mon Dieu sont bien plus à chérir :
> Il m'ôte des périls que j'aurais pu courir ;
> Et sans me laisser lieu de tourner en arrière,
> Sa faveur me couronne entrant dans la carrière.

Voilà des rimes pleines, s'il en fut. A la fin du dix-huitième siècle, où il n'y avait pas plus d'artistes en France que de forêts dans le Sahara, le digne M. de La Harpe réclamait la rime riche, formée de plus d'une articulation : tout au moins pour la poésie lyrique.

---

1. *Traité de la Poésie française*, p. 33.

« L'oreille, disait M. de La Harpe, est flattée de ce retour exact des mêmes sons qui retombent si juste et si près l'un de l'autre; et ce plaisir tient en partie à je ne sais quel sentiment d'une difficulté heureusement vaincue, qui sera toujours pour les connaisseurs un des charmes de la poésie, quand il ne sera pas le seul (1). » — Hélas! oui, chez d'aucuns, il est le seul.

Les poètes romantiques ayant d'autre part, non point inventé, mais multiplié les césures secondaires du vers de douze pieds, ou, comme parle V. Hugo, « disloqué ce grand niais d'alexandrin », il fallait, pour lui garder une allure régulière, accentuer le rythme final, marquer plus fortement à la fin la mesure qui tendait à disparaître, ou à s'éparpiller au milieu du vers. De là, dans les poèmes romantiques, les rimes plus constamment riches, pleines, fortes, éclatantes.

> La rime étant, dans tout vers bien fait, un mot de valeur, significatif par le son qu'il fait entendre comme par l'idée qu'il exprime, elle doit être particulièrement riche et soignée dans l'alexandrin romantique. On comprend, en effet, qu'il faut compenser les discordances par un redoublement de sonorité finale, et battre la mesure au terme de chaque vers avec d'autant plus de force et d'éclat, qu'elle paraît, dans le reste des douze temps, moins distincte et moins nette. La rime riche est le prix du vers brisé (2).

Et de fait, notre siècle aura vu le triomphe de ces rimes sonores qui, comme les cloches bien fondues et les instruments à cordes bien ten-

---

1. *Cours de littér.*, t. VI, p. 159.
2. Paul Stapfer, *Racine et V. Hugo*, p. 296.

dues, donnent, en plus du son nécessaire, des harmoniques fortes et douces.

Tous les poètes, sauf deux ou trois, depuis les *Odes et Ballades*, ont visé à la rime riche. Et, la plupart du temps, pour juger d'un coup d'œil si le poème qui vous tombe sous la main est soigné, s'il vaut quelque chose, il vous suffira d'examiner les rimes. Lisez les vers par la fin; si les rimes sont riches, il y a des chances que l'œuvre soit belle. Les lettres d'appui sont le trébuchet des bonnes pièces de poésie.

Néanmoins, rappelez-vous que la richesse ne fait pas toujours le bonheur; n'oubliez point que le monde est encombré — les quais de la Seine aussi — de pauvretés aux rimes d'or; et n'ajoutez point foi à Banville, le plus acharné chercheur de ces pépites, qui n'empêchent ni les gens ni les idées de mourir à l'hôpital. « Sans la consonne d'appui, déclare Banville, pas de rime, et, par conséquent, pas de poésie; le poète consentirait plutôt à perdre en route un de ses bras ou une de ses jambes qu'à marcher sans la consonne d'appui ! »

De grâce, si vous êtes poussé par l'*influence secrète*, gardez vos jambes et vos bras, quand même, — et votre bon sens. N'allez pas vous imaginer, à l'instar des écoliers, que pour avoir acquis un Napoléon Landais tout neuf, vous allez conquérir le Pérou et le Parnasse. Il y a (c'est un secret de Polichinelle) des rimes riches, heureuses, magnifiques, sans une seule lettre d'appui.

II.

Mais parlons encore un peu de ces rimes-là, puisque c'est le sujet de notre chapitre. L'identité du son, qu'exige la rime riche, porte avant tout sur la voyelle ou la diphtongue qui sonne. La rime ne sera bonne que s'il y a parfaite homophonie, voyelle longue sonnant avec voyelle longue, brève avec brève ; nous y insisterons, lorsque nous serons arrivés aux rimes *gasconnes*.

Ici, une ou deux remarques, à propos des lettres qui accompagnent la voyelle de consonance. D'abord, les lettres qui suivent. Elles doivent être équivalentes, sinon les mêmes ; et l'équivalence se produit avec des lettres fort différentes, surtout, c'est une observation juste de Tobler, avec des syllabes nasales. L'usage et le bon sens admettent comme exactes et même riches les rimes de *grand* et *franc*, *sang* et *frémissant*, *poing* et *point* [1]. Au pluriel, les rimes de ce genre sont des plus belles. Superflu serait-il d'ajouter qu'entre la sifflante *s*, signe du pluriel, et les autres consonnes, l'équivalence n'est pas possible ; et c'est une raison pourquoi le pluriel ne rime point avec le singulier, sauf chez les décadents, chose sans conséquence.

Les poètes de haute envolée s'en vont parfois si loin des chemins battus, qu'ils oublient la règle des équivalents et se contentent, sans y prendre garde, d'une assonance décadente. Témoin

---

1. *Vers français*, p. 154.

Lamartine, chez qui les chercheurs ont découvert des rimes pitoyables ; celles-ci, entre autres :

> Comme au bleu d'une mer sans écume et sans algue,
> Le vent des bois se fond en trempant dans la vague...
> Et du fond gémissant de cette mer de crimes,
> L'aurore à son réveil voyait flotter deux hymnes.

Ceci, pour le fond et pour la forme, ressemble furieusement à quelque phrase obnubilée de symbolisme arcane.

Autre point, et corollaire. La rime est boiteuse, au cas où l'une des deux voyelles finales est ornée de lettres parasites, sans équivalent dans l'autre consonance ; surtout au cas où ces lettres parasites sonneraient par liaison. Ainsi *grands* et *tyrans* riment très bien ; *grand* et *tyran*, assez mal. Suivant Becq de Fouquières, cela ne rime même pas du tout, et je suis fort enclin à suivre cet avis. D'autant que Becq de Fouquières le souligne de cette bonne raison : On ne saurait faire rimer ensemble « des mots dont la prononciation est identique quand ils sont isolés, mais dont la voyelle tonique ou la finale muette est suivie de consonnes à prononciation éventuelle dissemblable (1). » Et Banville précise, en portant ce décret sans appel : « Un mot terminé par un *t* ne peut, sans faute grossière, rimer avec un autre mot qui ne soit pas terminé par un *t* (2). » Et il daube sur Voltaire, qui rime ce distique « aussi mal que possible » :

---

1. *Traité général de la versific. franç.*, p. 75.
2. *Petit Traité de poésie.*, p. 75.

> Chacun porte un regard, comme un cœur différent ;
> L'un croit voir un héros, l'autre voir un tyran.

Qu'on se permette ces pauvres rimes dans un couplet pour rire, ou dans une chanson à boire, la prosodie sérieuse n'en a cure ni souci. Mais que, dans des œuvres soignées, on fasse rimer *lui* avec *le jour luit, combat* avec *il succomba*, c'est, malgré les lettres d'appui, une faute ou une misère. V. Hugo eut cette faiblesse, peut-être une douzaine de fois, dans ses poèmes de jeunesse ; depuis les environs de 1830, jamais. Et, chose singulière, V. Hugo aime mieux commettre des fautes d'orthographe, ajouter un *d* à *butor*, retrancher un *t* à *Clamart*, que de tolérer chez lui ces fautes de rime ; il écrit :

> ...Tel jour, Varron fut un butord ;
> Paul-Émile a mal fait, Cicéron eut grand tort.
> (Châtiments, *Quelqu'un.*)

En quoi, d'ailleurs, V. Hugo est (sans le savoir) fidèle aux lois et usages des plus grands poètes du passé : Ronsard, Malherbe, Racine, Corneille, La Fontaine, Boileau...

Boileau eut un jour la malencontreuse hardiesse de faire rimer *furibond* à *jambon ;* ce jour-là, quel vacarme dans les marais du Parnasse ! Boileau fut traité de rimeur de balle, et son audace fut déclarée crime de lèse-majesté apollonienne.

Boileau s'était accordé cette négligence dans le *Lutrin* (ch. I, v. 120) ; Carel de Sainte-Garde, autour de *Childebrand*, dénonça ce méfait à l'indignation publique ; Boileau s'avoua coupable, il se corrigea ; il biffa le *furibond*. Notez qu'il avait eu soin d'enlever le *d* final et d'écrire *furibon ;* et, qu'en cela, il obéissait au conseil de Ronsard. Jamais un auteur classique, un peu grave, n'aurait osé faire rimer *furibond* terminé par un *d*, avec *jambon* sans *d*. Ronsard avait écrit à l'abbé Delbene :

> Encore je te veux bien admonester d'une chose très-nécessaire ; c'est quand tu trouveras des mots qui difficilement recoivent ryme, comme *or*, *char*, et mille autres (tu) les rymes hardiment contre *fort*, *ord*, *accord*, *part*, *renart*, *art*, ostant par licence la dernière lettre du mot *fort ;* et mettre *for'* simplement avec la marque de l'apostrophe ; autant en feras-tu de *far'* pour *fard*, ou pour le rymer contre *char*.
>
> Je voy le plus souvent mille belles sentences et mille beaux vers perdus par faute de telle hardiesse ; si bien que sur *or* je n'y vois jamais ryme que *trésor*, ou *or* pour *ores*, *Nestor*, *Hector*, et sur *char*, *César* (¹)...

Marmontel, au dix-huitième siècle, Quicherat, en plein romantisme, ont approuvé ces audacieuses timidités, et tout le dix-septième siècle poétique s'y était soumis « hardiment », encore que personne ne songeât à remplacer par une apostrophe la lettre parasite que l'on biffait sans scrupule. Racine, dans les *Plaideurs*, écrivait *hasar* pour rimer avec *car*. Tout, dit-il avec son avocat,

> Semble s'être assemblé contre nous par hasar ;
> Je veux dire la brigue et l'éloquence. Car...

La Fontaine, si indépendant en mainte occur-

---

1. *Abrégé de l'Art poétique.*

rence, se pliait aux lois de Ronsard pour la suppression des finales parasites. Il dit du peuple des Coqs faisant mauvais accueil à la Perdrix :

> Pour la dame étrangère ayant peu de respec
> Lui donnoit fort souvent d'horribles coups de bec.
> (Fabl. X, VII.)

Et ailleurs :

> Le passereau, moins circonspec,
> Lui donnoit force coups de bec.
> (Fabl. XII, II.)

Mme Deshoulières orthographiait *répon* pour *répond*, afin de rimer exactement à *bon*. Racine, dans les *Plaideurs*, retranchait le *c* de *donc*, comme Sarrazin le retranchait de *blanc*, qu'il fait rimer à *Saint-Jean*. Sarrazin va même plus loin : il biffe le *t* de *vulgairement*, pour rimer à *roman*. Le P. Mourgues, qui cite ces licences, craint que l'on aille jusqu'à l'abus, et que les petites gens du Parnasse se brouillent avec l'orthographe ; car, ajoute-t-il, « les licences ne sont que pour les maîtres ([1]) ».

Quoi qu'il en soit, ces exemples donnés par de tels hommes prouvent qu'ils ne pouvaient tolérer, à la rime, des lettres finales sans équivalentes ; et que pour eux la rime n'était pas seulement dans la consonance, mais dans le mot chargé de cette consonance. De part et d'autre, ils voulaient une même physionomie aux deux mots de la rime : rien de plus à l'un qu'à l'autre. Ce n'était point, on a eu tort de le croire,

---

1. *Traité de la Poësie françoise*, p. 78.

qu'ils voulussent à toute force *rimer pour l'œil*: il ne s'agit point ici de rimer pour l'œil; mais, au grand siècle, on aimait la symétrie, la convenance, l'ordre, en toutes choses; ce qui dépassait la symétrie était inutile et encombrant : on le faisait disparaître. Gardons-nous de blâmer nos Maîtres.

Ce n'était pas davantage le besoin de rimer *pour l'œil*, qui leur faisait écrire: *Je croy, je dy, je vien, je voy...* Les poètes, c'est-à-dire, Malherbe, Corneille, Racine, Boileau, Molière, Scarron... et *tutti quanti*, se conformaient en cela à l'ancienne, naturelle et logique orthographe qui ne mettait point l'*s* aux premières personnes des verbes. Malherbè disait :

> ...Lorsque je couvry
> Les plaines d'Arques et d'Yvry.

Et Racine :

> Non, non ; Britannicus s'abandonne à ma foi ;
> Par son ordre, Seigneur, il croit que je vous voy.
> (Acte II, sc. II.)

Le P. Mourgues affirme : 1º Que cette orthographe est bonne ; 2º que les poètes de son temps remplacent l'*i* par *y* (¹). C'était du reste la règle admise par Vaugelas. Selon Vaugelas, les poètes pouvaient à leur guise se servir de l'*s* final, ou le retrancher: « Nos Poëtes se servent souvent de l'un et de l'autre pour la commodité de la Rime ; M. de Malherbe fait rimer au prétérit parfait défini *couvri* avec Ivry (²). »

---
1. *Ibid.*, p. 68.
2. *Remarques*, p. 131.

Ce n'était point un caprice de M. de Malherbe : c'était, nous l'avons dit, la vraie orthographe, observée au seizième siècle par tous les érudits, lesquels sachant bien que la première personne du verbe latin, d'où vient le nôtre, ne prend point l'*s*, écrivaient soigneusement : *Je voy, j'aimoye, je rendy*, etc. Sibilet suppliait les poètes d'imiter, en ce faisant, les savants en *us ;* et de suivre ces règles, les seules raisonnables. Autrement, « de celui qui ne les observe pas, le papier ne seroit estimé bon à autre chose qu'à envelopper du beurre ou encorneter des épices (1) ».

A propos de l'*s* final et de l'homophonie des rimes, encore une remarque d'histoire. Au dix-septième siècle, nous venons de le constater, on laissait dans l'encrier l'*s* du verbe, voire le *t*, le *d*, le *c* des autres mots, qui gênaient la symétrie. Mais alors pourquoi ces rimes des mots étrangers, où l'*s* gêne, semble-t-il, la consonance exacte et ne forme que des rimes pour l'œil ?

Racine fait rimer *Pallas* à *pas*; *Burrhus* à *vertus*; *Joas* à *soldats* ; *Argos* à *repos* ! Sont-ce là des rimes suffisantes ? Elles l'étaient, au siècle de Racine ; l'*s* final des noms propres ne se prononçait point : il y avait donc équivalence de *Pallas* à *pas* ; et *Cérès* rimait très richement à *guérets* (2).

Jamais nos poètes contemporains ne daigne-

---

1. *Art poëtique françois*, p. 37.
2. V. Souriau, *L'évolution du vers francais*, p. 141.

raient faire rimer *Burrhus* à *vertus*, *Argos* à *repos* : ce serait de la dernière indigence. Ils s'y prennent d'autre façon, et pour transformer en rimes riches des finales qui ne sonnent pas exactement de même, l'une étant muette, l'autre sifflante, ils renforcent les syllabes à coups de lettre d'appui. Est-ce un progrès ? C'est un tour de force. Mais les prosodies qui accusent, sans cause, les poètes du temps passé d'avoir tant rimé pour l'œil, devraient réserver leurs foudres contre les contemporains, qui sifflent d'un côté de la rime et point de l'autre.

M. de Banville en rougit pour V. Hugo, son idole. V. Hugo jette en effet à tout propos de ces demi-rimes riches, où la consonance vient des lettres qui précèdent la voyelle tonique. Ainsi Hugo fait rimer *Pallas* à *coutelas*, *Atropos* à *repos* ; et accole presque tout l'Olympe et les noms antiques en *is, us, as, os*, à des mots français où l's n'est pas entendu.

> On voyait des lambeaux de chair aux coutelas
> De Bellone, de' Mars, d'Hécate et de Pallas.
> *(Le Satyre.)*

Banville se fâche. Mais ces rimes-là, s'écrie-t-il, nous forcent à prononcer *coutelasse !* « même si nous ne sommes pas Marseillais et habitants de la Canebière (¹) ».

Or tous les romantiques et parnassiens de quelque mérite font rimer *coutelas* à *Pallas*, sans prononcer, que je sache, comme les habi-

1. *Petit Traité de poésie*, p. 79.

tants de la Canebière, arrière-petits-fils des Phocéens. Jamais ils ne consentiraient à imiter Racine qui prononçait *Pallâ* ; ils ne riment pas exactement ; mais, à leur sens, richement, grâce à l'*l;* ils riment pour l'œil. C'est encore un triomphe de la lettre d'appui. Ce n'est pas le meilleur.

III.

Quant à vous, ami lecteur, visez à rencontrer, le plus que vous pourrez, avec l'homophonie très exacte, les lettres d'appui qui la fortifient ; et si vous êtes artiste, ce dont je ne veux point douter, visez à cette richesse, qui est, pour la la rime, la grâce, plus belle encore que la beauté, et qui consiste en ceci :

2° Identité de son avec dissemblance des lettres.

Oh ! n'ayez de crainte ! c'est vraiment le fin du fin ; et ceux-là seuls pénètrent ce mystère, qui sont habiles parmi les habiles.

M. de Banville impose ce précepte à ses apprentis, imbéciles ou non : « Vous ferez rimer ensemble, autant qu'il se pourra, des mots très semblables entre eux comme son, et très différents entre eux comme sens. » Et M. de Banville cite le distique de Corneille :

> J'aime ta passion et suis ravi de voir
> Que tous ses mouvements cèdent à ton devoir.
> (*Le Cid*, acte II, sc. 11.)

C'est quelque chose : mais il y a un art plus

élégant et qui ravit tous les virtuoses. C'est d'amener, sans effort, à la rime des syllabes très semblables comme son, très diverses comme orthographe ; tels ces deux alexandrins de Boileau, dans l'*Art poétique* :

> Il est dans tout autre art des degrés différents ;
> On peut avec honneur remplir les seconds rangs (ch. IV.)

Voilà deux rimes exquises, avec deux syllabes qui se ressemblent peu. Ainsi en est-il de *vains* avec *quatre-vingts*, de *nœuds* avec *épineux*, de *les Allemands* avec *tu mens*.

Dès le dix-septième siècle (car il faut toujours partir de là et revenir là), on admirait cette variété jointe à cette identité. Consultez là-dessus l'auteur des *Décades*, ou *Jardin des racines grecques*, un rimeur, lui aussi ; mais comme heureusement il n'y en a plus :

> La rime, dit Lancelot, n'est pas autre chose qu'un même son à la fin des mots. Je dis même son et non pas mêmes lettres. Car la rime n'étant que pour l'oreille et non pour les yeux, on n'y regarde que le son et non l'écriture. Ainsi *constans* et *temps* riment très bien ([1]).

Et très bien, ces deux derniers vers du grand récit de don Rodrigue :

> Je vous les envoyai tous deux en même temps ;
> Et le combat finit faute de combattans.
> (Acte IV, sc. III.)

Interrogez les poètes qui ont des yeux et des oreilles, ils vous conteront qu'il y a une jouis-

---

1. *Grammaire de Port-Royal*, ch. II, art. I.

sance particulière en ces rencontres d'orthographe très diverse. Pourquoi ? Parce qu'il y a surprise. Le mot se présente tel qu'il est, avec ses deux formes : l'une pour l'oreille, le son ; l'autre pour les yeux, l'orthographe ; et il y a plaisir à constater que ces différences ne se contrarient point.

Le mot n'est pas un son abstrait, en l'air ; et c'est une joie esthétique de trouver deux syllabes formées d'éléments contraires, mais d'un timbre identique. De là, si vous avez des yeux et des oreilles, réclamez avec les poètes délicats, avec M. Coppée, avec M. Sully-Prudhomme et d'autres, en faveur de l'orthographe usuelle et très française, que des barbares (de chez nous !) veulent *simplifier* — tout ainsi que les Vandales simplifiaient les monuments romains ou grecs, et que le fameux Omar simplifia la bibliothèque d'Alexandrie :

Toute réforme de l'orthographe usuelle fait horreur au poète... Les gardiens de la langue, qui ont traîtreusement amputé le noble *y* du mot *lys*, ne se doutaient donc pas de la légitime indignation qu'ils exciteraient dans l'âme des lettrés délicats? Ils ont sacrifié l'esthétique à l'économie d'un jambage (1).

Barbarus has segetes !
Mais fonçons plus avant. Puisque nous en sommes au chapitre des belles et élégantes rimes, produites par des rencontres singulières d'orthographe, n'allons pas omettre une de ces

---

1. Sully-Prudhomme, *Réflexions sur l'art des vers*, p. 21.

rencontres, qui est une des meilleures bonnes fortunes pour le poète. C'est celle des sons, rendus complètement identiques, avec lettre d'appui, par le rapprochement d'un mot qui fait liaison avec celui de la rime. Expliquons-nous au moyen d'exemples ; les exemples sont partout, même chez Boileau :

> Ici, s'offre un perron ; là, règne un corridor ;
> Là, ce balcon s'enferme en un balustre d'or.
>
> A. P., I.

> Mais souvent parmi nous un poète sans art,
> Qu'un beau feu quelquefois échauffa par hasard...
>
> A. P., III

Rimes de rencontre voulue, rimes très riches. Citons encore ; elles sont variées à l'indéfini, et elles ne figurent point dans le *Dictionnaire de rimes*. Le poète les crée à mesure; presque toujours avec des monosyllabes.

> Et je dis qu'il faut être aussi fou que vous l'êtes,
> Pour attaquer ces tours avec des arbalètes.
>
> (V. Hugo, *Aymerillot.*)

> Vous êtes ses vrais fils, vous qui savez pour elle
> De l'orgueil féodal oublier la querelle.
>
> (P. Longhaye, *Bouvines.*)

La liberté,

> ...Sur nos calmes sommets, plus haut que le tonnerre,
> Remonte à son berceau, comme l'aigle à son aire.
>
> (P. Longhaye, *Helvetia.*)

> Pour m'apporter d'un coup vengeance, honneur, fortune,
> L'occasion manquait ; Shane m'en apporte une.
>
> (P. Longhaye, *Connor O'Nial.*)

De ces belles et heureuses consonances on aurait vite fait d'en cueillir une page entière à travers le *Théâtre chrétien* du P. Longhaye. L'auteur y étale quasi autant de nobles leçons que de rimes d'or ; mais les rimes d'or y tintent autant et plus que dans les pièces des dramaturges patentés.

IV.

Passons à une autre source de rimes choisies :

3° Identité de son avec diversité complète des mots qui riment.

Un des plus simples secrets, et des plus féconds, pour rencontrer des rimes neuves et riches, c'est d'écarter le plus possible de la fin des vers les mots de même nature, de même catégorie, ou en antithèse sur un même sujet, les mots qui s'attirent et s'appellent : *père, mère ; païen, chrétien ; bonheur, malheur ; montagne, campagne ; flots, matelots*, et ainsi de tous autres. A moins d'être relevées par des idées puissantes, ou rajeunies par des images fraîches, ces rimes sont misérables. Pourquoi ? C'est qu'elles excluent la surprise.

Si les vers pseudo-classiques endorment, c'est d'abord que le thème en est vulgaire et que la langue en est plate ; mais c'est aussi que toutes les rimes en sont connues d'avance. On est sûr que le substantif viendra suivi d'un substantif, le verbe d'un verbe, l'adverbe d'un adverbe, et le pâle adjectif d'un adjectif pâle. Quand les écoliers ont aligné côte à côte des mots comme ceux-ci : *harmonie, cérémonie ; supérieur, inférieur ; somptueusement, présomptueusement,* ils s'arrêtent, se croisent les bras, s'admirent, et plus d'un, comme le valet de Molière, est tenté de se demander :

> Où trouve mon esprit toutes ces gentillesses ?

Ils se croient arrivés au comble de la richesse, en fait de rimes ; jugez donc : ils ont cinq, sept, treize lettres pareilles, quelles rimes ! Hé bien, ces rimes aux cinq, sept et treize lettres — la moitié de l'alphabet — sont lamentables.

Joachim du Bellay, un de la Pléiade, qui rima richement de jolies bluettes, voilà environ trois siècles, qui aima plus « son petit Lyré que le mont Palatin », et qui fut chanoine de Notre-Dame de Paris, quelques années après que Crétin et Molinet avaient porté l'aumusse à la Sainte-Chapelle, Joachim du Bellay avertissait les rimeurs de France de prendre bien garde à cette richesse d'emprunt, banale et creuse :

> Quand je dy que la Rythme doibt estre riche, je n'entends qu'elle soit contrainte et semblable à celles d'aucuns qui pensent avoir faict un chef d'œuvre en François, quand ils ont rimé un *imminent* et un *éminent*, un *miséricordieusement* et un *mélodieusement*, encore qu'il n'y ait sens ou raison qui vaille ([1]).

C'est, qu'en effet, ces deux adverbes joints font pitoyablement, et ces deux adjectifs également.

---

1. *Deffense et illustration de la Langue françoise*, ch. 11.

Malherbe partage l'avis de Joachim du Bellay, et il en donne une raison profonde : Si les mots de la rime se ressemblent, les idées n'ont point de relief ; donc, point de variété, point de heurt charmant qui réveille ; point de choc agréable, d'où jaillissent une étincelle et une joie artistique. Les vers coulent ; ils ne bondissent pas.

<small>Malherbe — c'est Racan, son disciple, qui parle — étoit si rigide, qu'il avoit peine à souffrir qu'on rimât des mots qui eussent tant soit peu de convenance ; parce que, disoit-il, on trouve plus de beaux vers en rapprochant des mots éloignés, qu'en joignant ceux qui n'ont quasi qu'une même signification.</small>

Appuyons sur les vues de Malherbe et précisons-les. Ce sera une réponse anticipée aux honnêtes gens, qui, pour n'avoir vu ces idées-là nulle part, s'étonneraient de les découvrir dans notre travail. Ces idées-là ne sont pas tout à fait nouvelles ; elles viennent de haut et de loin. — « Malherbe trouve mauvaise la rime de *patrie* et de *vie*, parce que ce sont deux substantifs ; de *cruel* et de *criminel*, parce que ce sont deux adjectifs... » ; de *croire* et de *boire*, parce que ce sont deux verbes. « Il ne veut pas qu'on emploie des rimes qui s'appellent si bien l'une l'autre, qu'un simple débutant puisse, étant donné le premier vers, deviner le mot qui terminera le second ([1]). »

Et Malherbe ne fut point le seul de son avis, même au grand siècle. Gombauld, le premier

---

1. Souriau, *L'Évolution*, etc., pp. 35-36.

sonnettiste de l'Académie française, haïssait, à la rime, les mots de même catégorie, attendu que joindre ces mots-là, c'est ne prendre aucune peine ; c'est s'exposer à écrire facilement des vers faciles, c'est-à-dire des platitudes. Et le savant Ménage ! Un jour le savant Ménage, qui s'égarait sur les rives du Parnasse, crut avoir fait merveille en ajustant deux ou quatre noms propres en ses rimes : *Amarillis* et *Philis*, *Marne* et *Arne*. Il montra son poème à M. de Gombauld, pour obtenir sa critique, ce qui veut dire une louange ; et Gombauld dit à Ménage : « Ces vers-là ne valent rien. — Pour quelle raison ? s'exclama le poète. — Ne voyez-vous pas, reprit le sonnettiste, que ces rimes sont trop communes ? Cela est trop aisé ([1]). »

Après le savant Ménage, le savant Fontenelle, autre rimeur et académicien. En son discours prononcé à l'Académie, le 25 août 1749, Fontenelle (il avait quatre-vingt-douze ans et de l'expérience à revendre) exposa son avis touchant les bonnes rimes : « La Rime... je dis qu'elle est d'autant plus parfaite, que les deux mots qui la forment sont plus étonnés de se trouver ensemble. J'ajoute seulement qu'ils doivent être aussi aises qu'étonnés. » — Fontenelle, neveu de Corneille, s'exprimait de la sorte, juste au moment de l'apogée de Voltaire, lequel (ne nous lassons point de le répéter) « rime aussi mal que possible,... pour avoir éternellement associé des

---

1. *Menagiana*, édit. de 1693, p. 177.

mots où la banalité le dispute à la parenté (¹). »

Toutes les rimes de Voltaire, ou peu s'en faut, sont parentes : deux adjectifs, deux substantifs, deux verbes au même temps, notamment à l'infinitif. Or, à ce propos des verbes à l'infinitif, le même observateur dont nous venons d'invoquer le témoignage contre les rimes de Voltaire ajoute : « J'ai noté que Hugo ne fait presque jamais rimer deux infinitifs en *er*. » C'est que Hugo, si pauvre par tant d'endroits, est le plus admirable rimeur de France et de Navarre. Même là où il est fou à lier, il joue de la rime en virtuose impeccable ; il sème l'absurde à plume que veux-tu ; mais il pèse ses mots, il compte ses syllabes, avec le sang-froid d'un juif qui vérifie un rouleau de pièces neuves.

V.

Signalons quelques-unes des rimes, riches, belles, curieuses, gaies, dues à des syllabes choisies dans des catégories de mots différents, à ces vocables étonnés, mais fort aises, de se trouver ensemble :

1° Substantif et verbe :

L'ode a les fers aux pieds, le drame est en cellule ;
Sur le Racine mort, le Campistron pullule.
(V. H., *Aurore*.)

Deux tribus, qui semblaient depuis longtemps dormir,
Venaient de relever l'étendard de l'Emir.
(F. Coppée, *Le drapeau*.)

---

1. Clair Tisseur, *Modestes observations*, pp. 212-213.

2° Substantif et adjectif :

La souffrance, la mort, une croix, un tombeau,
Mes rêves, malgré tout, n'ont rien vu de plus beau.
(P. Longhaye, *Les Flavius*.)

Mon histoire, messieurs les juges, sera brève ;
Voilà : les forgerons s'étaient tous mis en grève.
(F. Coppée, *La grève...*)

3° Substantif et adjectif, verbe et substantif :

Au centre où la mousse s'amasse,
L'autel, un caillou, rayonnait ;
Lamé d'argent par la limace
Et brodé d'or par le genêt.
(V. H., *L'Église*.)

4° Substantif d'origine étrangère et verbe :

Tu songes, ô guerrière, aux vieux Conquistadors :
Berçant ta gloire éteinte, ô cité, tu t'endors.
(De Hérédia, *Trophées*.)

5° Substantif, nom propre et adjectif, de nombre :

En quittant le canal d'Otrante,
Nous étions trente ;
Mais en arrivant à Cadix,
Nous étions dix.
(V. H., *Légende des siècles*.)

6° Adjectif et verbe :

Seigneur, de vos bontés il faut que je l'obtienne,
Elle a trop de vertus pour n'être pas chrétienne.
(Corneille, *Polyeucte*.)

7° Adjectif et substantif ; participe et verbe. (Il s'agit de l'air du *Carnaval de Venise*.)

Les tabatières à musique
L'ont dans leur répertoire inscrit ;
Pour les serins il est classique,
Et ma grand'mère, enfant, l'apprit.
(Th. Gautier, *Émaux et Camées*.)

8° Verbes à temps différents :

...Et la voix qui chantait
S'éteint comme un oiseau repose ; tout se tait.
(V. H., *Légende des siècles*.)

9° Substantif latin et verbe français :

Il s'en vit de petits ; *exemplum ut talpa ;*
Le seul Ulysse en échappa.
(La Fontaine, XII, 1.)

10° Verbe latin et substantif anglais :

Il trône, ce Cockney d'Eglington et d'Epsom,
Qui, la main sur le cœur, dit : Je mens, *ergo sum*.
(V. H., *Châtiments*.)

11° Adjectif et article ; verbe et nom propre :

Prud'homme, exempt de tous mollets,
Sur son front dévasté ramène
Des crins plus étirés que les
Vers du récit de Théramène.
(De Banville.)

12° Substantif et pronom :

Sais-tu que ce vieillard fut la même vertu,
La vaillance et l'honneur de son temps, le sais-tu ?
(Corneille, *Le Cid*.)

13° Substantif et participe :

Ce n'est qu'en ces assauts qu'éclate la vertu,
Et l'on doute d'un cœur qui n'a point combattu.
(Corneille, *Polyeucte*.)

14° Substantif et adverbe, ou locution adverbiale :

> Il ne dormira plus qu'il n'ait fait un sonnet,
> Et met tous les matins six impromptus au net.
> (Boileau, *Art poétique*.)

15° Adverbe et pronom :

> Après ce que Rodrigue a fait voir aujourd'hui,
> Quel courage assez vain s'oserait prendre à lui ?
> (Corneille, *Le Cid*.)

16° Substantif ou participe et lettre de l'alphabet ; Boisrobert, se moquant de la lenteur de l'Académie, disait :

> Depuis six mois dessus l'F on travaille
> Et le Destin m'auroit fort obligé,
> S'il m'avoit dit : Tu vivras jusqu'au G.

Presque tout l'alphabet y passe ; y compris les trois premières lettres A, B, C.

> Vilains, rustres, croquants, que Vaugelas leur chef
> Dans le bagne lexique avait marqués d'un F...
> On me tordait depuis les ailes jusqu'au bec
> Sur l'affreux chevalet des X et des Y.
> (V. H., *Aurore*.)

17° Tous les pronoms, même les plus petits, *qui, que, je, tu, il, ce, le, la, les*, fournissent des rimes riches, soit sérieuses, soit plaisantes. Ainsi, avec *prodige* on fera rimer très richement : *que dis-je ?* Boursault a même su créer cette rime inouïe, en faisant parler une paysanne, dans ses comédies : *les Fables d'Ésope :*

> C'est un dogue affamé qui toujours mord ou ronge ;
> Empêcher des crapauds de crier, le pourrons-je ?

Et la Tortue de La Fontaine rime passablement avec le pronom démonstratif *ce*, comme une personne d'esprit qu'elle est :

> De quoi vous sert votre vitesse ?
> Moi l'emporter ! Et que serait-ce,
> Si vous portiez une maison ?

Quant au pronom et article *le*, on est parvenu à le faire consonner, lui aussi, mais évidemment en style gai. Un contemporain fort ingénieux (il y en a tant) est arrivé, en parlant de la Tour Eiffel, à cette rime colossale :

> Je ne sais pourquoi, ni comment est fait l'
> Escalier central de la Tour Eiffel.

Et, pour finir, citons-en une très unique, je crois, de l'un de nos vieux poètes, Jacques de la Taille, qui fait rimer le substantif *recommandation* avec la troisième personne du verbe *garder*, au prétérit. Cette perle gît dans une tragédie de *Daire* ou Darius, où l'on rapporte ainsi les dernières paroles d'un personnage mourant :

> « Ma femme et mes enfants aie en recommanda... »
> Il ne put achever, car la mort l'en garda.

Certes, c'est le comble des rimes rares et des combinaisons du verbe rimant avec le substantif; je n'oserais dire que ce soit le comble de l'art. Et je clos ici cette nomenclature. Calculez, si ce jeu vous plaît, toutes les combinaisons et toutes les rimes que peuvent donner les verbes à tous les temps, à toutes les personnes, avec les neuf autres catégories de mots, et, pour ceux qui en sont susceptibles, au singulier, au pluriel, au masculin, au féminin; gigantesque floraison de rimes inattendues. Et concluez, une fois de plus, avec Tobler, qu'aucune langue ne possède autant de rimes, existantes ou possibles, que notre langue française. Concluez aussi, une fois de plus, qu'en français, « les rimes les plus vicieuses sont des mots identiques;... les rimes banales que l'on a vues trop souvent associées ensemble ([1]) »; et celui-là est inexcusable qui, devant cette richesse, ces mines d'or, ne *s'évertue* point, selon le précepte de Despréaux; qui se contente d'un métal usé, ou de grelots fêlés, chargés de rouille et de vert-de-gris.

Concluez enfin, à satiété, contre les poètes *miséreux* du dernier siècle, qu'ils méritaient quasi tous l'hôpital pour leur lâcheté au travail et leur insouciance à la recherche d'une *aurea mediocritas* des rimes. Ils ne cherchaient, au contraire, que des rimes de rebut :

> Notre triste poésie du dix-huitième siècle rimait déplorablement; au lieu de réserver pour la fin du vers les mots importants et sonores de la phrase, elle rejetait presque toujours à la rime les idées faibles et les sons insignifiants; deux adjectifs par exemple, ou deux infinitifs de même nature: *affreuse* et *malheureuse*, *révéler* et *céler*.
>
>   Est-ce là cette reine auguste et malheureuse,
>   Celle de qui la gloire et la fortune affreuse ([2])?...

---

1. Edel. du Méril, *Essai philosophique sur le principe et les formes de la versification* (1841), pp. 118-119.
2. Paul Stapfer, *Racine et V. Hugo*, pp. 278-279.

Ce distique est pris dans le chef-d'œuvre tragique de M. de Voltaire, *Mérope;* il n'est point le pire. Jean-Baptiste Rousseau, Jacques Delille, tous les aigles de ce ciel pâle remuent les épithètes ternes et incolores, pour en garnir leur fin de vers. Quelquefois ces épithètes sont nanties d'une lettre d'appui : *affreuse, malheureuse,* c'est du clinquant; leur or est du cuivre ou du zinc.

Allons quérir d'autres paillettes plus authentiques dans un autre filon.

VI.

4° Identité de sons et rareté des syllabes.

La rareté d'un objet en fait souvent le prix ; ainsi en est-il même pour les rimes. Les consonances rares sont, par le fait, moins exposées à la banalité, et fussent-elles privées de toute lettre d'appui, elles valent par leur rareté. Ainsi *couvercle* et *cercle,* qui faisait pâmer Boileau. Un ami de Saint-Amand et de Voiture, gentilhomme d'esprit, Vion d'Alibray, pour se moquer de l'humaniste Pierre de Montmaur, parasite fieffé, avait imaginé — c'était le goût du temps de la Fronde — la métamorphose de Montmaur en marmite; dans cette métamorphose, Boileau goûtait surtout ces deux alexandrins :

> Son collet de pourpoint s'étend et forme un cercle ;
> Son bonnet de Docteur s'aplatit en couvercle.

« Nous n'avons, disait Despréaux, dans notre langue, que ces deux mots qui riment ensemble, et il ne semblait pas qu'ils dussent se rencontrer; cependant, voyez quelle peinture ils font et quel sens ils produisent. Ils s'enrichissent mutuellement (¹). »

De leur rareté naît le plaisir de la surprise. Avec l'*o* bref, comme voyelle tonique, vous avez une légion de rimes très rares : *récolte* et *révolte*, *morgue* et *orgue*, *noble* et *vignoble*, *borgne* et *lorgne*, *borne* et *morne*, *onze* et *bronze*, et ces *ongles* dont Leconte de Lisle arme les bêtes de ses *jungles;* et *Constantinople*, sur laquelle Hugo et M. de Hérédia jettent le vert de *sinople* héraldique; et je ne sais combien d'autres...

Il n'y a que les connaisseurs à sentir le prix de ces rares syllabes, et à les attacher comme il faut, par un fil délicat, au bout des alexandrins graves, ou le long des strophes harmonieuses. Des maîtres ont seuls le tour de main pour nouer ensemble, dans une page sérieuse, les deux rimes très rares de *joug* et de *Zoug*, ville et canton de Suisse :

> Quel assembleur de bœufs pourra former un joug
> Qui du pic de Glaris aille au piton de Zoug ?
> (V. H., *Légende des siècles*.)

> Et c'est nous, les aînés de la libre Helvétie,
> Que les derniers venus veulent remettre au joug !...
> Oui ; qui parlait alors de Lucerne et de Zoug ?
> (P. Longhaye, *Helvetia*.)

Autre exemple, mais dans un style de satire, qui admet tous les mots honnêtes. Louis Veuillot

---

1. Cizeron-Rival, *Récréat. littér.*, CLXXXVII.

dit du poète rouge Vacquerie, qui fut l'ombre remuante de Hugo :

> Normand du Havre, mais doué d'un accent Kurde,
> Vacquerie est, en France, un des noms de l'absurde.
>
> <div align="right">(<i>Satires</i>.)</div>

Les grammairiens comptent environ une soixantaine de mots français qui n'ont point de rimes ; donc, soixante sons qui n'ont point d'équivalents ; et pareil phénomène ne se rencontre dans aucune autre langue. Tobler peut nous en louer. En voici quelques-uns : *algue, camphre, épargne, dogme, genre, humble, meurtre, muscle, peuple, poivre, quatorze, sceptre, solde...*

MM. Le Goffic et Thieulin en ont dressé une liste dans leur *Traité de versification* (p. 72) ; mais, parmi les soixante mots qu'ils citent, un bon quart pourrait avoir une rime dans les noms propres, comme *perdre* et la rivière angevine de l'*Erdre*; *quatorze* et le ruisseau suisse de l'*Orze*; *quinze* et le fabliau moyen-âgeux de l'*Homme au chainse*; *poivre* et la *Voivre* héraldique ; *gaz* et la pointe bretonne du *Raz*...; ou grâce à des combinaisons pas trop malaisées. Je ne parle point de procédés où la poésie sérieuse n'a pas grand'chose à démêler et je serais marri d'avoir recommandé les procédés banvillesques ; par exemple, celui-ci pour rimer à *gaz :*

> Il voulait en finir ; alors il prit son raz-
> Oir, et s'ouvrit la gorge, à la lueur du gaz.

Seulement, pour la curiosité du fait, je veux conter comment Scarron inventa une consonance à l'un de ces soixante mots réputés sans rime, le mot *Turc*. Dans une *Lettre à M. de Vivonne*, datée de 1660, le joyeux cul-de-jatte se félicite du mariage de Louis XIV; il en félicite la France, et la Reine mère, dont il est, lui, Scarron, le très humble « malade » :

> Qu'elle s'en sçait bon gré, la Reine Anne d'Autriche !
> Et qu'ils en trembleront et le Maure et le Turc !
> Mais ce diable de mot, loin d'être rime riche,
> Car le françois n'a point de rime en *urc*...

Laissons Scarron en quête d'une rime en *urc*, et cherchons mieux.

Parmi les rimes rares, il n'en est point de plus heureuses, sonores et neuves, que celles des noms propres : noms d'hommes, noms de villes ou de pays, noms modernes, noms antiques. Là encore, la mine est inépuisable.

Malherbe fut un des premiers à faire rimer *turban* avec *Liban*, et il s'en vanta comme d'un noble coup d'épée ; et, nous assure Ménage, « Malherbe affectoit ces rimes neuves, je veux dire ces rimes de mots extraordinaires... Et, en effet, elles plaisent par leur nouveauté ([1]). »

Boileau a écrit une de ses épîtres, *le Passage du Rhin*, pour y loger des noms propres bataves et des noms de héros de France :

> Quelle muse, à rimer en tous lieux disposée,
> Oserait approcher des bords du Zuiderzée ?

Hugo, encore « enfant sublime », se prit à jouer aux rimes sonores, avec les syllabes plei-

---

1. *Menagiana*, loc. cit., p. 360.

nes et musicales qu'il ouït au pays du Cid Campéador ; et pour ses premiers poèmes, déjà exubérants, *Ballades* et *Orientales*, il faisait sonner, à l'aide des noms propres, des notes finales superbes :

>   Et le vent, soupirant sous le frais sycomore,
>   Allait tout parfumé de Sodome à Gomorrhe.
>   (*Le Feu du ciel.*)

Puis vint le temps où Hugo se mit à carillonner de tous les noms propres de tout pays et de toute langue ; et Leconte de Lisle, à secouer au long de ses poèmes sombres tous les noms de la Grèce, du Nord, de l'Afrique et de l'Inde. Ces syllabes, pleines de voyelles, produisent au travers de nos syllabes plus voilées, un effet de tam-tam ou de gong, qui saisit l'esprit et remplit l'oreille d'ondes mélodiques. Théophile Gautier disait, en s'extasiant devant les rimes de Leconte de Lisle : « Les désinences inusitées amènent en plusieurs endroits des rimes imprévues ; et dans notre poésie privée de brèves et de longues, c'est un bonheur qu'une surprise de ce genre. L'oreille qui attend un son aime à être trompée par une résonance d'un timbre antique ([1]). »

>   « L'œil a-t-il disparu ? » dit en tremblant Tsilla ;
>   Et Caïn répondit : « Non, il est toujours là. »
>   (V. H., *La Conscience*.)

Donnez-vous le plaisir d'entendre, par vous-mêmes, ces rimes au timbre antique ou exotique,

---

1. *Histoire du romantisme*, 3ᵉ édit., p. 332.

qui résonnent chez tous les poètes modernes, au milieu d'autres vacarmes ; en observant que chez plusieurs, il y en a trop ; c'est à étourdir.

Observez aussi que les plus riches consonances des noms propres, doivent, pour être imprévues et heureuses, s'allier à des mots communs. Malherbe, tout en recommandant fort ces rimes en noms propres, condamnait énergiquement l'alliance banale d'un nom propre avec un autre nom propre, même fleurie d'un cortège de lettres d'appui; par exemple, *Thessalie* et *Italie*, *Castille* et *Bastille*, *Alexandre*, et *Lysandre* ([1]). Il n'y avait, selon Malherbe, aucun mérite à unir des syllabes de même parenté, qui arrivent sans aucun effort ; donc, sans aucune surprise.

Observez encore que, s'il y a des alliances vulgaires entre ces noms propres, il y en a de drolatiques, même avec des mots ordinaires ; témoin ce début du *Poème du Jardin des Plantes :*

> Le comte de Buffon fut bonhomme. Il créa
> Ce jardin imité d'Evandre et de Rhéa.

Qu'est-ce que Rhéa vient faire là ? Vous devinez, sans qu'on vous le dise, que le poème du *Jardin des Plantes* est signé Hugo. Non seulement il y a, chez Hugo, des rimes drolatiques en noms propres ; mais, pour le plaisir d'une rime riche en noms propres, Hugo se permettra des fautes d'histoire, à étonner même un bachelier. Ainsi, dans *Aymerillot*, le Charlemagne de Hugo s'adressant à Gérard de Roussillon :

---

1. M. Souriau, *L'Évolution du vers français*, p. 36.

> Tu rêves, dit le roi, comme un clerc de Sorbonne.
> Faut-il donc tant songer pour accepter Narbonne ?

Charlemagne parle de la sorte vers l'an 780 : et la Sorbonne fut fondée sous S. Louis en 1252. Un petit écart de quatre à cinq cents ans ! Bacheliers, prenez garde ! Hugo ne se contente point de mettre à contribution tous les dictionnaires d'histoire et de géographie ; pour lui, pour l'« homme immense », c'est peu. Le rimeur, chez V. Hugo, pousse la plaisanterie jusqu'à fabriquer des noms propres de lieux et d'hommes, qui n'ont jamais existé. Soit ce vers fameux de *Booz endormi* :

> Tout reposait dans Ur et dans Jérimadeth.

Cherchez Jérimadeth sur toutes les cartes bibliques ; les géographes n'ont su encore fixer la latitude de cette ville ; elle a été bâtie tout d'une pièce par la fantaisie de Hugo ; il lui fallait une rime biblique à *demandait* et l'homme immense a créé Jérimadeth ([1]). Ailleurs, il crée des héros, aussi aisément qu'il bâtit des villes. Vous ignoriez sans doute comment s'appelait le cocher de Xerxès ; eh bien, son grand char d'ébène (il était d'ébène) avait, sur son timon,

> Pour cocher, un seigneur nommé Patyramphus !

C'est qu'il fallait rimer avec « pas confus » ; et vous comprendriez sans peine que les pas des

---

[1]. J'ai ouï dire qu'un homme d'esprit donnait tout simplement à ce mot d'allure biblique l'explication suivante. Hugo, ne pouvant trouver une rime à *demandait*, avait écrit : *Je rime à* DAIT, en ajoutant un accent aigu à *je* et une terminaison d'orthographe hébraïque. Ce calembour rentre tout à fait dans ses moyens.

peuples amenés par Xerxès, d'Asie en Grèce, devaient être *confus:* c'étaient des flots d'hommes, et quels hommes! leurs noms seuls vous le donnent à entendre:

> ... Ces peuples ont chez eux un oracle de Mars.
> Comment énumérer les Sospires camards,
> Les Lygiens, pour bain, cherchant les immondices,
> Les Daces, les Micois, les Parthes, les Dadyces,
> Ceux de la mer Persique au front ceint de varechs,
> Et ceux d'Assur armés presque comme les Grecs...
> Épais comme une neige au souffle de la bise,
> Commandés par vingt chefs monstrueux, Mégabise,
> Hermamythre, Masange, Acrise, Artaphernas,
> Et poussés par les rois aux grands assassinats...
>
> *(Légende des siècles*, II.*)*

Je vous fais grâce du reste ; cela défile comme l'armée de Xerxès, qui était beaucoup moins amusante. Mais remarquez les rimes : un nom propre, un nom commun. C'est stupide, mais c'est superbe. Passez de là en Italie, et admirez un autre défilé ; nous sommes au moyen âge ; voici tour à tour :

> Spinola qui prit Suse et qui la ruina ;
> Jean de Carrara, Pons, Sixte Malaspina...
> L'exarque Sapaudus que le Saint-Siège envoie,
> Senèque, marquis d'Ast, Bos, comte de Savoie ;
> Le tyran de Massa, le sombre Albert Cibo,
> Que le marbre aujourd'hui fait blanc sur son tombeau ;
> Ranuce, caporal de la ville d'Anduze,
> Foulque ayant pour cimier la tête de Méduse,
> Marc ayant pour devise : IMPERIUM FIT JUS,
> Entourent Afranus, évêque de Fréjus...
>
> *(Ratbert.)*

Quelles rimes! Que si vous ne riez pas encore

aux éclats, allons un peu écouter l'*Ane*. L'âne a tout vu, tout lu, tout retenu. C'est lui qui parle :

> Je n'ai pas résisté ; j'ai, pauvre âne à la gêne,
> Mangé de l'Euctémon, brouté du Diogène,
> Après Flaccus, Pibrac, Vertot après Niebuhr
> Et j'ai revu Gonesse en sortant de Tibur.
> Hier dans la phtisie et demain dans l'œdème,
> J'ai tout accepté, Lulle, Erasme, Ænésidème,
> Les pesants, les légers, les simples, les abstrus,
> Les Pelletiers, pas plus bêtes que les Patrus...
> Dur labeur ! Veut-on pas que je me passionne
> Pour les textes d'Elée ou ceux de Sicyone !...
> J'allais je ne sais où, suivant je ne sais qui ;
> J'ai pratiqué Glycas, Suidas, Tiraboschi,
> Sosiclès, Torniel, Hodierna, Zonare ;
> J'ai fréquenté le docte en coudoyant l'ignare...
> Young, le pleureur des nuits, Wordsworth, l'esprit des lacs,
> Thalès, Hevelius, Levera, Granallachs ;
> Les gais soupeurs, d'Holbach, Parny, Dorat-Cubière,
> D'Argens, avec Rancé qui prend pour lit sa bière...
> Ces malheureux m'ont fait, sous un monstrueux tas
> D'Eusèbes, de Sophrons, de Blastus, d'Architas,
> D'Ossa plus Pélion, d'Anthyme plus Orose,
> De petit ânon leste, immense âne morose.

J'abrège considérablement ce récit de l'âne ; c'est l'âne qui parle, et Hugo qui rime. Jamais, en aucun idiome, on n'a entendu sonner des rimes plus neuves, plus riches, plus variées, ni ouï braire des choses plus dignes d'un baudet. Mais alors même que le poète est extravagant comme son roussin, le rimeur reste l'artiste consommé, expert dans l'art d'imaginer les sonorités les plus exactes, et d'allier l'un à l'autre le mot ordinaire et pauvre, au mot imprévu et opulent.

Hélas ! nous l'avons dit, toute richesse ne fait point le bonheur. Cette richesse incomparable de rimes appauvrit le poète millionnaire ; cette prodigalité folle fait aimer les rimes chétives des poètes de bon sens, anciens ou modernes. Et je donnerais tout cet or, pour quelques rimes *suffisantes* d'un honnête homme d'esprit, tout l'*âne* énorme, vêtu de la peau du lion Hugo, pour un des huit ou dix pauvres petits *ânes* de La Fontaine.

J'aime les rimes riches ; je les admire ; je les réclame ; mais pourtant on a dit de si belles choses, et si françaises, en rimes indigentes !

CHAPITRE VI.

AUTRES LOIS ET CAPRICES DE LA RIME.

Rime pauvre. — Rime gasconne, flamande, parisienne, chartraine, normande. — Rimes pour l'œil. — Rime burlesque et funambulesque. — Dictionnaire de rimes. — Rimes masculines et féminines.

I.

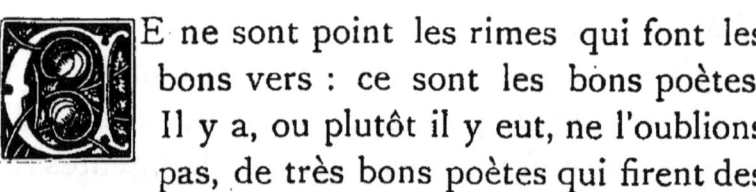CE ne sont point les rimes qui font les bons vers : ce sont les bons poètes. Il y a, ou plutôt il y eut, ne l'oublions pas, de très bons poètes qui firent des vers immortellement beaux en rimes suffisantes. La rime suffisante n'est pas la rime misérable, et pour parler la langue d'aujourd'hui, *miséreuse*. C'est une rime pauvre ; mais il y a une pauvreté honorable et fière.

Touchant la rime suffisante, écoutons le bon janséniste Lancelot, qui en sema tant dans les plates-bandes de son maigre *Jardin des Racines grecques* : « Ce qui suffit quelquefois et non pas toujours, est que ces syllabes soient semblables quant au son depuis leur voyelle jusqu'à la fin, comme *grandeur, honneur ; puissance, prudence* ; mais cela ne suffit pas toujours, comme *liberté* ne rime pas avec *jugé, aimé* ; ni *envie* avec *frénésie* ; ni *consacrée* avec *aimée* ([1]). » — Cela, c'est de la misère et de la gueuserie. Lancelot ne dit pas pourquoi ; c'est que la consonance

---

1. *Lib. cit.*, chap. II, art. 2.

ne repose que sur une voyelle, et que les rimes en *gé, mé, sie...* sont nombreuses ; il n'y a qu'à prendre. On ne pardonne cette indigence que dans les cas, fort rares, où la finale est à peu près unique de son espèce : ainsi *Pasiphaé*, dans un alexandrin de Racine, que d'aucuns estiment tout simplement le plus beau vers passé, présent et futur de la langue française :

> Depuis que sur ces bords les dieux ont envoyé
> La fille de Minos et de Pasiphaé.

« Vers vraiment royaux ! » s'écrie un contemporain pâmé ([1]) ; et je n'en sais aucun qui ne se pâme devant la musique de ces douze syllabes, malgré la rime pauvre.

J'ai dit que plusieurs poètes fameux se sont contentés de rimes suffisantes ; nommons-en trois : Molière, La Fontaine, Alfred de Musset ; et, si l'on veut, ajoutons-y Racine, dans les *Plaideurs*. Il n'est guère possible de rimer plus mal que Chicaneau et l'Intimé :

> Avocat, ah ! passons au déluge. — Avant donc
> La naissance du monde et sa création.

M. Racine rime plus royalement, quand il chausse le cothurne avec Agamemnon ou Assuérus. Il est inutile, n'est-ce pas, de citer ici M. de Voltaire. Les autres susnommés n'y mettent pas tant de façon et souvent se contentent à peine d'une honnête médiocrité. Pas un de nos rimeurs, même de ceux qui peuplent les quais,

---

[1]. Clair Tisseur, *Modestes observations*, p. 183.

n'oserait s'abaisser aux consonances bourgeoises du bonhomme Chrysale :

> Former aux bonnes mœurs l'esprit de ses enfans,
> Faire aller son ménage, avoir l'œil sur ses gens,
> Et régler la dépense avec économie,
> Doit être son étude et sa philosophie. (Acte II.)

Le dernier de nos chevilleurs aurait honte de rimer comme ce pauvre petit mouton de La Fontaine :

> Et je sais que de moi tu médis l'an passé.
> — Comment l'aurois-je fait, si je n'étois pas né ?

Ces illustres contempteurs de la rime riche négligent la lettre d'appui à bon escient : ce ne sont point des besogneux qui ne peuvent et ne savent faire autrement. Musset se moquait, en rimes nécessiteuses, de ses confrères aux consonances opulentes :

> Gloire aux auteurs nouveaux qui veulent à la rime
> Une lettre de plus qu'il n'en fallait jadis.

Le bon *fablier* avoue, non moins carrément, qu'il se soucie de la rime riche, comme son héron d'une tanche.

En écrivant une de ses fables, il rêve qu'un critique maussade lit par dessus son épaule, qu'il se récrie à des rimes indigentes et le bonhomme se fâche :

> Je vous arrête à cette rime,
> Dira mon censeur à l'instant :
> Je ne la tiens pas légitime,
> Ni d'une assez grande vertu...
> — Maudit censeur ! Te tairas-tu ?

Hasardons ici toutefois une remarque, que je crois n'avoir rencontrée nulle part. Quand il veut appuyer sur une idée, renforcer une expression, un sentiment, une peinture, La Fontaine recourt, d'instinct, aux rimes nombreuses et riches avec lettres d'appui. Son hibou veut-il renchérir sur la grâce et les charmes de sa progéniture, il dit :

> Mes petits sont mignons,
> Beaux, bien faits et jolis sur tous leurs compagnons.

Le lion accentue et ponctue la liste de ses gros péchés, en rimes royales :

> Pour moi, satisfaisant mes appétits gloutons,
> J'ai dévoré force moutons...
> Même il m'est arrivé quelquefois de manger
> Le berger.

Relisez les fables que vous avez apprises, il y a trente ans, ou plus ; et voyez l'application de ce tout petit principe littéraire. Dès là qu'il veut enrichir une idée, La Fontaine enrichit ses rimes ; il les sème à profusion, pour produire un grand effet. Ainsi, pour peindre la rage du lion poursuivi par un « chétif insecte », les rimes riches pleuvent :

> Le quadrupède écume, et son œil étincelle ;
> Il rugit. On se cache, on tremble à l'environ ;
> Et cette alarme universelle
> Est l'ouvrage d'un moucheron.
> Un avorton de mouche en cent lieux le harcèle ;
> Tantôt pique l'échine et tantôt le museau,
> Tantôt entre au fond du naseau.

Il en va presque toujours ainsi dans cette aimable comédie à cent actes divers. Le poète rêve, chemine, sourit, conte simplement les choses toutes simples : il s'amuse sans effort comme son lièvre qui trotte, et trotte lui-même gaiement, quand tout à coup voilà une idée ingénieuse et vive à rendre, un tableau à peindre, un effet à produire. Aussitôt voilà les rimes pleines et riches qui sonnent en carillon. Assistez par exemple à l'expédition joyeuse du peuple souriquois, qui frétille et babille et tournoie à l'entour du chat, la « bête scélérate », pendue la tête en bas. Écoutez ce frémissement de belles rimes tombant l'une sur l'autre :

> Le peuple des souris croit que c'est châtiment,
> Qu'il a fait un larcin de rôt ou de fromage,
> Égratigné quelqu'un, causé quelque dommage ;
> Enfin qu'on a pendu le mauvais garnement.
>   Toutes, dis-je, unanimement,
> Se promettent de rire à son enterrement.

Chez Racine, même procédé. D'ordinaire, le tragique, à l'exemple du fabuliste, ne vise point aux rimes éclatantes ; mais l'un et l'autre ont pensé leurs vers, ils les ont sentis, ils les ont vécus ; et là où la pensée du tragique grandit, elle retentit naturellement en consonances fortes et superbes ; les exemples abondent :

> Et les faibles mortels, vains jouets du trépas,
> Sont tous devant ses yeux comme s'ils n'étaient pas...
> Celui qui met un frein à la fureur des flots,
> Sait aussi des méchants arrêter les complots...
> Elle se hâte trop, Burrhus, de triompher ;
> J'embrasse mon rival, mais c'est pour l'étouffer...
> Reconnaissez, Abner, à ces traits éclatants,
> Un Dieu tel aujourd'hui qu'il fut dans tous les temps.

En somme, le régime de la rime uniquement suffisante et pauvre, est celui des poètes peu fortunés ; petites idées, petit style, méchantes rimes. Les grands artistes se contentent de peu, quand il leur plaît ; et à leur guise, pour se mettre d'accord avec leur pensée, ils déploient une magnificence princière, ils font sonner, eux aussi, les rimes d'or.

Quant à Musset, s'il hausse les épaules, pour rire, en face de cette « lettre de plus », il l'accueille bien volontiers dans presque tous ses poèmes un peu soignés ; sans compter la *Ballade à la lune*, qui est d'une richesse de rimes hugotique ou banvillienne :

> Qui t'avait éborgnée
> L'autre nuit ? T'étais-tu
> Cognée
> A quelque arbre pointu ?

Musset a grand soin de ne point trop imiter son Mardoche, bien qu'il dise :

> Les Muses visitaient sa demeure cachée ;
> Et quoiqu'il fît rimer *idée* avec *fâchée*,
> On le lisait.

Au fond, Musset ne cultive ni la rime pauvre, ni la rime riche, mais la rime sobre : ce qui est, pour la rime, une façon d'être neuve, et la rime neuve vaut les rimes *rothschildiennes* ressassées et usées par le frottement.

Et puisque je suis en train d'émettre des aphorismes, plantons-en quelques-uns encore, plus ou moins neufs, mais utiles peut-être :

1º On peut, si on le veut, écrire toujours en rimes riches ;

2º On peut, si l'on en a le goût, faire de beaux vers en rimes pauvres ;

3º Les rimes riches, toutes choses égales, sont les meilleures ; mieux vaut joindre une belle musique à de belles paroles : cela ne gâte rien ;

4º Si vous avez du génie, adoptez l'un ou l'autre système, selon vos aptitudes, tenez-vous-y et travaillez ; prenez de la peine ; les lecteurs en auront d'autant moins à vous lire. Les lecteurs se font aux rimes brillantes ou simples ; si les vers sont bons, ils admirent tout en bloc. Mais, de grâce, ne leur causez point la désagréable surprise de rimes misérables au beau milieu de rimes choisies et sonores. Cela produit juste l'effet d'une superbe sonate de grand maestro, moulue par un orgue de Barbarie dont le cylindre est garni de dents cassées : cela détonne, cela crie, cela agace ;

5º Que vous aimiez les rimes riches ou les rimes suffisantes, haïssez énergiquement les rimes banales. Les rimes banales sont des grelots de tôle pendus au bout de vers lâches ou de strophes flasques. Ce furent les rimes de M. Viennet, poète du dix-huitième siècle, égaré en plein romantisme. De ses rimes et de ses idées, Louis Veuillot donnait cet aperçu, dans une critique de l'*Épître à Clio :*

> Il y est question des enfants de Louis le *débonnaire*, qu'un moine a soulevés contre leur *père ;* de Médicis moins reine

qu'*Euménide*, donnant l'affreux signal d'une nuit *homicide ;* des bandes *inhumaines*, qui ont dépeuplé les *Cévennes ;* des prélats français vendus à nos *rivaux*, qui livrèrent Jeanne d'Arc à d'infâmes *bourreaux ;* enfin, de tous les crimes de l'Église et du moyen âge, déduits en rimes dans le goût de 1827 (¹).

6º Il y a des livres où on lit que les rimes riches conviennent à ce genre-ci, les pauvres à ce genre-là. N'écoutez point ces livres : ou du moins, croyez que les belles rimes conviennent à tous les genres ; même aux couplets que l'on va chantant :

Il faut même en chansons du bon sens et de l'art.

L'art consiste à bien rythmer et à bien rimer. Les plus fameux chansonniers, Béranger et Nadaud, riment en millionnaires.

Je viens de citer un alinéa de prose de Louis Veuillot ; citons de lui encore un quatrain ; il s'adresse, dit-il, à *Un poète de chambre :*

Un joli mot dans un couplet
Vaut mieux qu'une rime éclatante ;
Celui qui rime sans patente
Peut bien rimer comme il lui plaît (²).

Notez d'abord que le conseil est rimé avec une richesse où je vous souhaite d'atteindre ; et puis ajoutez à la pensée du grand prosateur ceci : Oui, chacun, s'il a du talent, peut rimer comme il lui plaît ; mais s'il a du talent, il lui plaira de bien rimer, en choisissant toujours et la consonance finale et le mot de la rime. Là, jamais un

---

1. *Mélanges*, 2ᵉ série, t. II, p. 247.
2. *Satires*, Conseils à un poète de chambre.

mot inutile, jamais un mot pâle et sans idée, une cheville de bois blanc. Plus la rime est faible, plus le mot doit être plein et nécessaire : c'est la façon classique. Sans vous exhorter à planter là des adverbes longs comme d'ici Pontoise, à la manière de Leconte de Lisle,

> Car les siècles s'en vont irréparablement...
> Vient, passe et disparaît majestueusement...,

je vous supplie de toujours bannir de là les vocables insignifiants qui viendraient s'y loger.

« Pour les petits genres, j'entends par là les pièces courtes, insupportables si l'on n'y trouve la perfection, pour les sujets où l'esprit et le travail ont plus de part que le cœur et l'improvisation, la rime riche vaut mieux que la rime suffisante (¹). » De fait, combien de bluettes ne valent que par là ? C'est charmant parce que cela sonne gentiment. Il vous souvient du *Materiam superabat opus;* c'est le cas de l'appliquer à ces bibelots littéraires, comme à ceux de votre dressoir ou de votre cheminée. Le travail a son prix : même quand l'ouvrier, comme dit F. Coppée, emploie son habileté rare :

> A vous rimer des amusettes
> Sur des sujets de presque rien,
> Avec l'art du galérien
> Qui sculpte au couteau des noisettes.
>
> (Cahier rouge.)

Si vous cultivez les grands genres : le drame, la comédie, l'ode, les récits épiques (j'allais dire

---

1. Souriau, *Évolution du vers français*, page 52.

et le reste), essayez les meilleures rimes ; tout n'en ira que mieux, vous et votre œuvre. Voltaire, l'épique et le tragique, s'excusait d'avoir très mal rimé, sur ce qu'il avait cru bien faire :

> J'ai fait rimer *héros* à *tombeaux*, *contagion* à *poison*, etc. Je ne défends point ces rimes, parce que je les ai employées ; mais je ne m'en suis servi que parce que je les ai crues bonnes. Je ne puis souffrir qu'on sacrifie à la recherche de la rime toutes les autres beautés de la poésie, et qu'on cherche plutôt à plaire à l'oreille qu'au cœur et à l'esprit (¹).

Soit, Messire ; mais quand on peut — et on le peut toujours — plaire et à l'esprit et au cœur et à l'oreille, on a grand tort d'y manquer. Et l'on a grand tort de croire, d'après vos affirmations, que les bonnes rimes n'y suffiront point et qu'il y en a si peu ! Ceux-là le prétendent qui n'ont pas pris la peine d'en chercher. Et puis, lorsqu'on n'en trouve plus, Messire, on en fait, et l'on ne se contente pas de rognures d'adjectifs, ni de *contagion* rimant à *poison*.

7° Un ou deux conseils encore ; ce sont les derniers, et je suis sûr d'avance qu'ils ne seront pas entendus de ceux auxquels ils s'adressent.

Si vous avez le génie de La Fontaine, écrivez en rimes suffisantes et même insuffisantes, tant qu'il vous plaira.

Si vous n'avez point de génie, de grâce ne rimez ni peu ni prou ; à moins (c'était un conseil de Malherbe) d'y être forcé, sous peine d'être pendu. Autrement, mon pauvre Oronte,

---

1. Préface d'*Œdipe*.

CHAPITRE VI. 177

> Quel besoin si pressant avez-vous de rimer ?

Que si, n'ayant point de génie, vous ne pouvez vous tenir de versifier, ne dépassez jamais la mesure du bon abbé Cureau de la Chambre, lequel fut reçu à l'Académie (en 1670), sans avoir publié ni vers ni prose. Un jour cependant, il lui échappa de mettre un alexandrin, un seul, sur ses douze pieds. Et de ce vers unique, le bon abbé était si content, qu'il s'en alla le réciter à Boileau. — Ah ! Monsieur, s'écria Boileau, que la rime en est belle !

II.

Au-dessous des rimes suffisantes, il y a, en fait de rimes pauvres, les méchantes rimes, et la collection en est riche. Signalons-en plusieurs :

1° Celles d'abord qui, sans aucune raison, défigurent l'orthographe. Il ne s'agit point de ce que les livres appellent *Licences poétiques*. Les poètes s'accordent des licences et tout le monde les leur accorde, même le monde grincheux des grammairiens ;

> Scimus et hanc veniam petimusque damusque vicissim.

Ainsi ces privilégiés peuvent à leur guise et sans scrupule retrancher l's finale des noms propres : *Athène, Thèbe, Londre, Charle, Jule*...; de certains mots ordinaires : *guère, certe, remord* ; même des premières personnes des verbes. Hugo, tout Hugo qu'il est, s'abaisse jusqu'à écrire suivant l'usage de Ronsard et Malherbe :

> ... Monsieur, vous êtes bien hardi
> De supposer cela ! — Mylord, ce que j'en di...

Banville déclare que le grammairien qui inventa ce terme : *licence poétique*, « a créé et lancé dans la circulation une bêtise grosse comme une montagne (1) ». Toujours est-il que les susdites fantaisies s'appellent licences et que, seuls, les poètes les emploient.

Toujours est-il aussi que les maîtres oublient parfois l'orthographe et qu'ils donnent aux petites gens un assez mauvais exemple. Il ne leur est plus permis d'imiter Despréaux qui, pour rimer, planta le *chèvrefeuil* dans son jardinet d'Auteuil. Lamartine fut plus osé : il enleva, par ignorance, je crois, l'*s* très utile à *chamois* :

> Et bondissant après comme un jeune *chamoi*,
> Me ramène à la grotte en courant devant moi.

Et (c'est une supposition qui n'est peut-être pas gratuite) lorsque le jeune Hugo, dans une jolie pièce sur l'Enfant, faisait rimer *les pleurs vite apaisés*, avec *les baisers*, je suis bien tenté de supposer qu'il écrivit *baisés*, comme on écrivait jadis : *soupés*, *dînés*...; et comme lui-même, en dépit des grammaires, orthographiait : des *meas culpas*, à cette fin de rimer avec *pas*. J'ai ouï conter que l' « enfant sublime » n'était point, durant ses premiers lustres, aussi reluisant pour l'orthographe usuelle que pour les rimes éclatantes.

---

1. *Petit traité*, p. 63.

Quoi qu'il en soit de cet *ana*, respectez l'orthographe, même pour ajuster des rimes riches à vos créations ; et que, même en vos excès, la langue vulgaire et maternelle « vous soit toujours sacrée ». Boileau l'exige, et le bon sens vous y invite.

2º Avec l'orthographe fautive, évitez les consonances inexactes. S'il vous en échappe, biffez, d'une main vigoureuse. Racine le faisait bien ; et, soit dit sans vous offenser, vous pouvez imiter Racine. Sur la fin de ses jours, l'auteur d'*Athalie* revoyait ses œuvres et travaillait à la réforme des rimes peu exactes. Tantôt il refait un vers ou deux, tantôt « il ne se contente pas de remplacer une rime douteuse par une meilleure ; il supprime un quatrain entier pour effacer une faute contre l'exactitude ([1]) ». Ainsi, il biffait les rimes indigentes de *peine* et de *haine*, de *retienne* et *inhumaine*...

La rime, c'est avant tout la rigoureuse homophonie, l'identité du son ; et cela, d'où que vienne le son. Personne, en deçà du Rhin, n'est plus assez barbare pour faire consonner le mot très français *poète* avec le nom allemand de l'auteur de *Faust*. Théophile Gautier, un des aigles du romantisme, eut de ces audaces qui chagrinent, dans ces alexandrins enchevêtrés :

> A vous faire oublier, à vous, peintre et poète,
> Ce pays enchanté dont la *Mignon* de Goethe...

Ayez soin de prononcer : *goìte*.

---

1. Voir Souriau, *lib. cit.*; p. 423.

Clair Tisseur, après avoir fait cette trouvaille, se hâtait de fabriquer, pour rire, cet autre distique, sur le même air :

> Et je prends en dégoût cet Arouet ignare,
> Qui passe, railleur froid, devant Shakespeare.

Il est des cas beaucoup plus fréquents d'inexactitude ; par exemple, la rime des mots en *ien*, *ier*, *ié*, *ieux*, monosyllabes avec des finales de même orthographe, mais dissyllabes. Ainsi, un *chien* rime fort mal avec un *lien* ; *amitié* ne rime point du tout avec *châtié*... Et puisque je m'attarde à ces vétilles, je m'étonne, avec Clair Tisseur, que Hugo, « qui se fût fait couper la main plutôt que de faire rimer *nébuleux* avec *adieux*, fasse rimer *bleu* et *Dieu* :

> Et que le ciel soit noir ou que le ciel soit bleu,
> Caïn tuant Abel est la stupeur de Dieu (1). »

La rime est aussi maigre, que l'idée est saugrenue.

Parmi les autres vétilles qui nuisent à l'homophonie, je signale celle-ci, notée déjà en 1865, par le P. Mourgues, chez les grands poètes qui peuplaient alors l'Académie française.

C'est, dit-il, une notable licence, que celle de faire rimer dans les infinitifs et dans les participes l'*n* grasse et l'*n* dure, ou l'*l* mouillée avec *l* naturelle...

> Au bout de l'univers, va, cours te confiner,
> Et fais place à des cœurs plus dignes de régner. (Racine.)

Les lettres d'appui, en pareil cas, ne sont que des trompe-l'œil. Ces rimes ressemblent aux

---

1. *Modestes observations*, p. 185.

rimes *flamandes*. Les excellents habitants des Flandres, s'ils se conformaient à leur prononciation usuelle, feraient rimer sans hésitation *briller* avec *marguillier*, *régner* avec *cuisinier*... Ce serait dommage.

Mais voici qui est plus grave, parce que la faute est plus commune : ce sont les rimes *gasconnes*. Les peuples heureux qui boivent les eaux de la Garonne et d'un bon nombre d'autres fleuves, ne distinguent point — ou si peu ! — les syllabes françaises longues et brèves. Un accent circonflexe est, pour eux, un signe superflu ou ridicule. Un *âne* chez eux n'est pas plus long qu'une *cane :* et leur *Garonne* rime richement à un *trône ;* le *Rhône* à une *couronne*. Et ainsi des autres voyelles.

Par malheur, combien de poètes, même de Paris ou de Pontoise, gasconnent en vers, prenant pour excuse ou prétexte les lettres d'appui qui précèdent la syllabe. De là, ces rimes si fréquentes de *femme* et d'*infâme ;* ce qui, selon le mot de Malherbe, rime comme un *four* et un *moulin*. De là, même chez Boileau (très rarement, il est vrai), des alexandrins de cette venue :

> Molière avec Tartuffe y doit jouer son rôle ;
> Et Lambert, qui plus est, m'a donné sa parole.

C'est simplement misérable. La lettre d'appui renforce le son, mais elle ne le change pas ; et vraie demeure toujours la vieille règle de l'abbé d'Olivet : « Une brève, à la rigueur, ne doit rimer qu'avec une brève, et une longue qu'avec une longue » (¹); ce que, dès le milieu du seizième siècle, le Poitevin Jean Bouchet avait mis en rime :

> Voire, doibt-on, sans que le vers en griesve,
> Avoir égard à la longue et la briesve. (Ép. cvii.)

Les classiques, avouons-le, ne s'en sont pas toujours souvenus; et chez Molière en particulier, on trouvera pas mal de rimes gasconnes. Il est vrai que Molière avait fréquenté chez les bourgeois de Pézenas qui, pour la prononciation, appartiennent un peu à la Gascogne.

D'autre part, si l'on entend chez Racine *Antigone* rimer avec *trône*, c'est que la rime était exacte en ce temps-là. Selon les grammairiens autorisés, la pénultième en *one* était longue ; on prononçait : *Babylône*, et Racine n'avait point tort d'écrire :

> D'une commune voix ils l'appelaient au trône ;
> Cependant les Persans marchaient vers Babylone (²).

Une rime inexacte, très inconnue de Racine, et qui tend à s'introduire ou plutôt à se multiplier, c'est celle des pluriels en *ers* avec des substantifs, participes, verbes en *és*, ou *ez ;* par exemple *dangers* et *mangés*. J'ai le droit de m'étonner que M. Coppée, rimeur si habile, sème cette rime-là un peu partout à travers ses gracieux poèmes :

---

1. Cf. Thurot, *De la prononciation française depuis le commencement du XIVᵉ siècle*, t. II, p. 687.
2. *Prosodie françoise*, V, 1.

> Montrouge, Gentilly, vieux hameaux oubliés,
> Qui cachez vos toits bruns parmi les peupliers.

Cela rime à peine, si cela rime. Et j'avoue que j'ai été singulièrement consolé, en lisant, dans le livre de Tobler, savant de Berlin, que ce ne sont point là « des rimes rigoureusement suffisantes,... et que l'addition d'une *s* ne rend pas correcte une rime entre *é* et *r* (¹) » ; l'une des raisons étant que cette *s* du pluriel rend longue la syllabe en *er*.

Est-ce que par hasard nous laisserons aux Allemands de Berlin le soin de relever nos inexactitudes, et de nous apprendre qu'une longue ne rime point avec une brève, pas plus sur les quais de la Seine que sur les berges de la Sprée?

Au dix-septième siècle, les Français de Paris avaient l'oreille plus chatouilleuse. Pour les moindres inexactitudes de rimes, les poètes s'entendaient saluer de clameurs de haro par les critiques ou les confrères. On chicanait Boileau, pour avoir fait consonner *goût*, une longue, avec *tout*, une brève, dans son *Repas ridicule* :

> Aimez-vous la muscade? on en a mis partout.
> Sans mentir, ces pigeons ont un merveilleux goût.

« Si M. Despréaux, disait un grammairien, a employé cette rime, ce n'est pas par là qu'il a été grand poète (²). »

---

1. *Les vers français*, p. 152.
2. P. Cl. Buffier, *Abrégé des règles de la Poésie françoise (Grammaire)*, n° 1139. — Entre les nasales *an* et *en* Malherbe mettait une différence et dans ses remarques sur les vers de Desportes, il écrivait : « *Contenance* et *sentence* riment ensemble comme un *four* et un *moulin* » (IV, 266).

Quant à l'*a* d'*espace*, on se prenait aux cheveux, dans les sentiers fleuris du Parnasse. « Un poète, dit Mlle de Gournay en ses *Avis ou Présens*, hasarde la rime d'*espace* et d'*efface*; les Normands le querellent et prétendent qu'*espace* a la pénultième plus longue qu'*efface*; les Angevins et les Manceaux le harcellent aussi d'autre costé sur l'envers de cette médaille. » La bonne demoiselle Parisienne ne s'aventure-t-elle pas un peu? Un Angevin pur sang, le plus érudit des Angevins, Ménage, affirmait tout juste que l'*a* d'*espace* est tellement long, qu'il le faudrait écrire *espâce* (¹). Les Parisiens d'aujourd'hui sont du même avis que cet Angevin et que les Normands du temps jadis. Ceux qui ont de l'oreille et qui riment n'accoleront jamais *espace* qu'à *passe* ou ses composés, ou à d'autres *a* extrêmement longs.

Autre querelle. Les délicats d'il y a deux siècles n'osaient accoler la rime d'*ain* à *in*: et j'ignore si l'on en trouve un exemple chez Corneille et Racine. On en trouve un chez Boileau:

<blockquote>
Sans la langue, en un mot, l'auteur le plus divin
Est toujours, quoi qu'il fasse, un méchant écrivain.
</blockquote>

Certes, ce serait là pour nous une rime très riche; mais en 1674, cela fit scandale. Carel de Sainte-Garde, auteur malheureux du *Childebrand*, traita Despréaux de Goth, pour avoir commis cette rime-là : « Y a-t-il, s'écrie le bon Carel, quelqu'un de nos Poëtes célèbres, même

---

1. *Observations sur la langue françoise*, 1672; p. 9.

dans l'ancienne Poësie, que cet habile homme traite de gothique, qui en ait usé ? si ce n'est peut-être Marot, très rarement néanmoins. Et qu'est-ce que d'être Goth, si cela ne l'est de faire rimer le *pain* avec le *vin :*

> Dandin mange bien du pain ;
> Il boit encor plus de vin.

« Allez aux Halles porter vos rimes (¹) ! » — Carel était Normand, et les rimes de *ain* et *in* s'appelaient *Rimes de Paris :* par la raison qu'autrefois les dames de Paris mettaient une légère différence entre ceci et cela. Mais vers l'époque de la Fronde, seuls, les gens du peuple faisaient entendre cette nuance. Nous apprenons de Mlle de Gournay qu'aux premières années de Louis XIV, le Tout-Paris, la ville, la cour, même Orléans et Tours, ces « sœurs de Paris », et qui plus est, les oiseaux jaseurs bien élevés, prononçaient *ain* et *in* de semblable façon : et la demoiselle veut que les poètes riment richement *main* à *chemin :* « Il n'y a, dit-elle, homme, femme, enfant, ny pie (!) au moins d'honneste maison et de nourriture polie, en tous ces lieux-là, qui n'ayt tousjours prononcé ces syllabes d'une très constante uniformité. »

Aussi, Lancelot, en 1660, rassurait-il les poètes timides, en leur certifiant que « la rime est bonne, quand c'est le même son, quoique l'écriture soit différente ;... les rimes en *ain* ou *aim*, comme levain, pain, sain, faim ; et en *ein*,

---

1. *Défense des Beaux-Ezprits*, p. 47.

comme dessein ; et en *in* ou *im*, comme fin, vin, divin, enfin, venim *(sic)*, riment indifféremment ensemble (¹). »

Voilà une question tranchée. Mais les querelles éclatant sur ces pointes d'aiguille prouvent quelle importance nos anciens attachaient à l'exactitude des rimes. Faisons comme eux.

Encore une rime de terroir, blâmée au dix-septième siècle : on l'appelait *Rime de Chartres*, bien que les « badauds de Paris », dit Ménage, s'en rendissent aussi coupables. Elle consistait à prononcer la diphtongue *eu* en deux syllabes, ou simplement en *u*. Ainsi Malherbe condamne chez le chartrain Desportes les rimes d'*heure* et *endure :* et, à côté de ce distique :

> Quand il a fait un cours, sa force diminue,
> Et sans plus requester, il va branlant la queue,

Malherbe écrit : « Rime qui ne vaut rien ; elle est de Chartres (²). »

La Fontaine, qui s'inquiétait peu d'où lui tombaient ses consonances, fait bonnement rimer, en sa fable *Les Poissons et le Cormoran*, *émeute* avec *dispute ;* mais alors il orthographie : *émute*.

Nous n'avons pas à craindre maintenant les rimes de Chartres ; pas plus qu'il n'est à craindre que les gens — et les pies — comme il faut, du Parnasse, prononcent *Ugène* et *Saint-Ustache*. Et depuis le romantisme, il n'est pas davantage question de condamner les rimes de *erre* avec *ère*

---

1. *Grammaire de Port-Royal*, ch. II, art. 1.
2. *Lib. cit.*, pp. 63-64.

ou *aire*. Au dix-septième siècle, et jusqu'en 1815, à *guerre* on ne devait accoler que *terre, tonnerre, verre*. « *Terre*, disait le P. Mourgues, ne rime point avec *caractère*, ni avec *taire* (¹) » ; et la raison, c'est que « la double *rr* rend toujours ouvert l'*e* qui précède ». Et le même prosodiste se plaint de Boileau qui a fait rimer *terre* à *chaire*, en parlant des maigres flots d'auditeurs que l'abbé Cotin avait à fendre ; puis il cite une parodie de Jacques de Coras, qui se gaussait du Législateur :

> Je me ris d'un auteur qui, pour rimer à *terre*,
> Dans ses égarements ne trouve qu'une chaire.

Détail piquant. Boileau, devenu vieux, ne pouvait tolérer pareille misère dans les poèmes d'autrui ; et il écrivait au jeune poète Destouches : « Comment souffrir qu'un aussi galant homme que vous fasse rimer *terre* à *colère ?* »

Les paysans de Molière, qui prononcent la *tarre*, ne font qu'exagérer la belle prononciation de Paris, du Paris de ce temps-là.

III.

Nos oreilles ne saisissent plus cette nuance ; et probablement, au bas des pages, dans les petits ou gros ouvrages classiques, on met encore à ce propos force remarques sur les *Rimes pour l'œil*. Et ces remarques vous apprennent que nos grands poètes avaient l'incroyable manie

---

1. Cf. Bellanger, pp. 269-271 ; et Souriau, pp. 38-39.

de *rimer pour l'œil*. Ouvrez les éditions au rabais de l'*Art poétique*, et regardez la note qui souligne ces deux vers :

> Durant les premiers ans du Parnasse françois,
> Le caprice tout seul faisoit toutes les lois,

vous êtes sûr de lire : « Rimes pour l'œil. » Ouvrez ensuite, si vous avez du temps de reste, presque tous les Traités de versification ; cherchez à la table ; vous y verrez le chapitre des *rimes pour l'œil*. De graves personnages ont affirmé qu'autrefois on rimait pour l'œil : Vapereau lui-même dit : « les *rimes pour l'œil* autrefois si employées » ; et cela se répète, comme on répète tant de choses, pour les avoir ouï dire.

Après avoir lu et ouï, il vous viendra certainement à la pensée une envie de sourire, ou de conclure avec un homme d'esprit : « L'idée de rimer pour les yeux n'est pas moins plaisante que le serait celle de peindre pour le nez ([1]). » Et puis avec un érudit qui, sur ce point, résume *coloro chi sanno*, affirmez ceci en toute confiance : « Nos grands poètes ne se sont jamais contentés de *rimer pour l'œil* ([2]). » Et retenez bien cet adverbe « jamais ! »

Les Traités de versification (j'en ai la preuve sous les yeux), disent aux tendres nourrissons des Muses : Prenez garde ! Vos classiques rimaient pour l'œil ; ils avaient tort ; évitez cet

---

1. Le mot est de M. Guessard, éditeur du *Mystère du siège d'Orléans*, 1862 ; Préface. Cf. Cl. Tisseur, p. 4.
2. Bellanger, pp. 137 et suiv.

écueil. — Or, les classiques ont toujours rimé pour l'oreille. Et les premiers auteurs de Prosodies françaises avertissaient bien soigneusement, avec le bon vieux Sibilet, que « l'oreille est le Principal du Collège de la Ryme ». Après quoi, l'un des premiers éditeurs d'un *Dictionnaire de rimes*, le sieur Odet de La Noue, fils du fameux Bras-de-Fer, émettait, en 1596, ce principe fondamental :

> Que si on ne veut escrire comme on parle, qu'on ne trouve mauvais l'assemblage de mots de mesme pronontiation, quoi qu'ils soient différemment escrits ; veu que la bonne ou mauvaise Rime se discerne de l'oreille, estant proférée, et non de l'œil, pour la similitude qu'elle ayt sur le papier en l'escriture.

Et ce vieux principe, il se le faut loger en la mémoire, pour ne point rimer à l'œil et aussi pour lire d'une façon raisonnable nos auteurs des siècles passés ; surtout lorsqu'on rencontre en leurs œuvres certaines rimes en *oi* et les rimes *normandes* en *er*. — *Oi* se prononçait toujours *oi* ou *oué* jusqu'au seizième siècle ; et l'on écrivait aux imparfaits des verbes : j'*aimoye*, j'*aimeroye*. Ce furent les Italiens venus à la Cour avec les Médicis, qui, ne pouvant prononcer *oi*, changèrent cette syllabe en *ai*, et se prirent à dire : *francès*, *harnès*, pour *françois*, *harnois*. Selon Vaugelas (p. 98), on prononçait encore *oi* partout, sauf à la Cour, du temps de Louis XIII et un peu après : « C'est, dit-il, une des beautez de la langue françoise à l'ouïr parler, que la prononciation d'*ai* pour *oi* ; mais elle n'est adoptée qu'à la Cour et l'on garde d'ordinaire au Palais la prononciation à pleine bouche de l'ancien temps. » — Boileau, faisant rimer *lois* avec *françois*, prononçait comme son ami Patru.

En 1659, le P. Chifflet affirmait que la prononciation d'*ai* gagnait du terrain ; mais que l'autre était bonne : « Il est plus doux et plus commun, entre les bien disans, de prononcer : *je parlais* ; toutefois ce n'est pas une faute de dire : *je parlois*, puisqu'à Paris, dans le Barreau et dans les Chaires des Prédicateurs, il y a beaucoup de langues éloquentes, qui ne refuyent pas cette prononciation ([1]). »

Les poëtes adoptaient l'une ou l'autre ; et, en 1685, le P. Mourgues, après avoir constaté le triomphe quasi universel de la diphtongue *ai*, ajoutait :

Toutefois, quand ces termes sont employés pour Rimes, nos Poëtes les prononcent encore comme l'on faisoit du tems que l'on écrivoit : *J'aimoye, J'aimeroye*...

Et parce que ceux qui ne lisent pas de Vers, auroient quelque peine à se le persuader, j'en veux rapporter des exemples :

> *Ma colère revient et je me reconnois ;*
> *Immolons en partant trois ingrats à la fois.*
> (Racine, *Mithridate*.)

> *Tenez, voilà le cas qu'on fait de votre Exploit.*
> *— Comment ? c'est un Exploit que ma fille lisoit !*
> (Le même, dans *les Plaideurs*.)

---

1. *Essay d'une parfaite Grammaire de la Langue françoise*, p. 252.

Ainsi en était-il de *oie;* de là, les rimes de Molière étaient exactes :

> Quand un homme vous vient embrasser avec joie,
> Il faut bien le payer de la même monnoie ;

et maintenant encore, au Théâtre-Français, les acteurs du *Misanthrope* disent *monnoie*, comme Molière et sa troupe (1).

Passons aux rimes *normandes*, aux rimes des infinitifs et autres en *er* avec *r* sonnante :

> Vous vous joignez ensemble ! ah ! ruses de l'enfer !
> Faut-il tant de fois vaincre avant de triompher ?
> (*Polyeucte*, acte V.)

Au commencement du grand siècle, presque tous les poètes de marque étaient normands ; à telles enseignes, qu'on se croyait, dit le Normand Fontenelle, « obligé de faire ses excuses au public de ce qu'on n'était pas normand (2) ». Il était donc assez naturel que les poètes de Normandie importassent dans la poésie un usage de leur province. L'Angevin Ménage, et la renommée qui est de partout, leur attribuent l'honneur de cette importation. Vaugelas le constate et s'en plaint, je ne sais pourquoi : « Je ne m'estonne pas, dit-il, qu'en certaines Provinces de France, particulièrement en Normandie, on prononce, par exemple, l'infinitif *aller* avec l'*e* ouvert, qu'on appelle, pour rimer richement avec

---

1. Par une singulière bizarrerie de l'usage, des mots où nous prononçons *oi* se prononçaient alors en *ai;* ainsi, *croître, adroite*... Les exemples se voient çà et là chez Molière, La Fontaine, Racine.

2. Cf. mon *Art Poétique* de Boileau, t. I, pp. 244-246.

l'*air* ; tout de mesme que si l'on escrivoit *allair*, car c'est le vice du pays (1). » — Vaugelas, citoyen des Dombes, fait le dédaigneux à l'endroit des héritiers de Rollon ; mais il paraît oublier que ce vice (si c'en était un) était celui de plusieurs autres bonnes provinces du royaume et que le Vendômois Ronsard avait rimé richement en *er* :

> Sers-moi de phare et garde d'abîmer
> Ma nef qui flotte en si profonde mer.

Un fait curieux, affirmé par Vaugelas lui-même, qui s'en scandalise, c'est que le même « vice » régnait à Paris, dans le monde le plus cultivé. A Paris, dit le bonhomme de Meximieux, lorsqu'on lit ou parle en public, soit au barreau, soit dans la chaire, la plupart des gens prononcent l'*r* final, par la raison que cette prononciation remplit « mieux la bouche des orateurs et les oreilles des auditeurs ». Les poètes normands ou autres jouissaient du privilège de Lingendes et de Patru, privilège que s'accordaient les dames du meilleur ton. « Quand la plupart des Dames, dit toujours Vaugelas, lisent un livre imprimé où elles trouvent ces *r* à l'infinitif, non seulement elles prononcent l'*r* bien fort, mais encore l'*e* fort ouvert. » Le digne grammairien aurait voulu réformer les avocats, les prédicateurs et l'hôtel de Rambouillet ; il y perdit son encre. Pendant tout le dix-septième siècle, l'usage se maintint ; Ménage et Richelet protestè-

---

1. *Remarques*, p. 437.

rent contre Vaugelas ; tous les poètes, grands et petits, rimèrent à la normande. Vers la fin du siècle, le P. Mourgues dressait une liste de ces rimes, cueillies chez les meilleurs auteurs ; en voici une ou deux :

> Étoient-ce impressions qui puissent aveugler
> Un jugement si clair ?
>
> (Malherbe.)

> De par le fils de Jupiter,
> Vous estes priez d'assister
> Aux funérailles de Voiture.
>
> (Sarrasin.)

Dans les pièces de Corneille, naturellement, ces rimes pullulent. Il s'en voit dans celles de Racine, et Molière ne s'en prive point. Cela sonnait si bien au bout d'un alexandrin de théâtre. En 1704, l'Académie — et c'est, à mon sens, un fait regrettable — condamna cette prononciation normande, que les plus illustres parmi ses membres avaient admise et anoblie, que l'abbé Paul Tallemand, un des Quarante, avait récemment défendue (1) ; et que le Secrétaire perpétuel de la Compagnie allait maintenir encore, en 1706, dans sa *Grammaire françoise* : « Dans la prononciation soutenue, disait Régnier-Desmarais, comme lorsqu'on parle en public ou qu'on déclame des vers, il faut, soit à la fin du sens ou des vers, soit devant une voyelle, faire toujours sentir l'*r* » (p. 48). Et je puis certifier que même à la fin du

---

1. *Remarques et décisions de l'Académie françoise* (1698) ; il avait établi qu'il y a deux prononciations, une pour la prose, une pour les vers.

dix-neuvième siècle, j'ai ouï tel orateur normand prononcer encore les infinitifs en *er*, comme ses compatriotes Malherbe et Corneille.

Au dix-septième siècle, l'*r* final sonnait dans d'autres mots; et il est bon de se le rappeler. Lorsque les petits littérateurs de cinq ans apprennent la fable *Le Renard et le Corbeau*, ils sont, j'imagine, portés à se demander pourquoi on a mis là des vers qui ne finissent pas comme les autres.

> Le renard s'en saisit et dit : Mon bon monsieur,
> Apprenez que tout flatteur...

Mossieu ne rime pas avec *flatteur*; et quand Chicaneau et L'Intimé de Racine se disent :

> Que demandez-vous donc? — Elle voudroit, Monsieur,
> Que devant les témoins vous lui fissiez l'honneur ;...

est-ce que tout cela rime pour l'œil ou pour l'oreille ? Tout cela rimait pour l'oreille; on prononçait *Mon Sieur*, même en prose, si on le voulait : « L'*r* dans *monsieur* se prononce, disait le P. Chifflet, en 1659, selon le choix et la volonté (¹). »

Il est d'autres cas où les petites prosodies et les éditions à bon marché signalent, sans aucune raison, des *rimes pour l'œil* dans les œuvres de nos vieux auteurs. Ainsi, au IIIe chant de l'*Art poétique :*

> La colère est superbe et veut des mots altiers ;
> L'abattement s'explique en des termes moins fiers.

Quicherat lui-même cite ces vers-là comme

---

1. *Essai d'une parfaite Grammaire françoise.*

exemple de rimes fausses. Quicherat se trompe ; il aurait pu se renseigner dans les dictionnaires et grammaires du temps passé, où il aurait lu que « *altier* se prononce comme *enfer*, *hiver*...(¹) ».

Au dix-neuvième siècle, ces sortes de rimes normandes seraient fausses, et il est étrange que Hugo, le farouche, l'indépendant, le matamore, ait fait rimer *fiers* à *premiers*, *mer* à *écumer*, *plusieurs* à *messieurs*. Où donc était son indépendance, ces jours-là ? où, son oreille ?

Au surplus, répétons-le, jamais on n'a autant rimé *pour l'œil* que chez les romantiques ; personne jamais autant que Hugo le farouche. Il se pipait. Toutes les rimes de Racine n'étaient pas riches et *à lettre d'appui ;* mais toutes sonnaient juste. Toutes celles de Hugo sont millionnaires ; mais combien pour les yeux seulement ! C'est du clinquant : hélas ! tout ce qui luit n'est pas or. Et d'aucuns qui admirent ceci, ces rimes de *coutelas* à *Pallas*, soupireront en haussant l'épaule : « Pauvre Racine ! il était si peu artiste ! il ne ciselait pas ! »

Les rimes qui ne sonnent pas et celles qui sonnent faux choquent l'oreille ; celles-là aussi qui ne sonnent pas à leur place, et la seule place de la rime, c'est celle de la fin. Ailleurs, elle trouble le rythme et le détruit. Le rôle principal de la rime est de battre la mesure ; mais non pas à contre-temps, et deux fois. De là les vers *léonins* et *semi-léonins*.

---

1. *Ibid.*, p. 188.

On appelait, au moyen âge, rime léonine, la rime pleine et parfaite. Celle-là, disait, en 1521 Pierre Fabri, est « la plus noble des rithmes, comme le lyon est le plus noble des bestes ». Les vers *léonins* existaient, nous l'avons vu, bien longtemps avant le moine Leoninus qui leur donna son nom ([1]). Virgile en émaillait ses harmonieux hexamètres, et cette rime intérieure marquait agréablement la césure penthémimère latine. Nos vieux faiseurs de distiques latins, au moyen âge, en mettaient partout; c'était un carillon :

> Lugent anguillæ, quia tandem est mortuus ille
> Presbyter Andreas, qui capiebat eas.

Au seizième siècle, Crétin et ses braves émules imitèrent à force ces gentillesses en français, glissant des rimes *léonines* à l'hémistiche du vers, ou *semi-léonines* à l'hémistiche du vers voisin.

Depuis Malherbe, on ne les tolère que dans les cas d'un effet voulu, soit d'harmonie, soit d'entassement de syllabes, comme en ces vers du bonhomme Chicaneau :

> Griefs et faits nouveaux, baux et procès-verbaux ;
> J'obtiens lettres royaux et je m'inscris en faux.

Malherbe proscrivit à outrance ces « rimes au milieu » et « rimes à demi vers ». Il annotait ainsi deux vers semi-léonins de Desportes : « Vous parlez en oison. C'est un vice, quand

---

1. Voir plus haut, p. 30.

après avoir rimé un vers, on finit le demi-vers suivant en la mesme rime. »

Lorsque le *Cid* fut épluché par Scudéry et par l'Académie, on y découvrit des rimes à demi-vers là où il y en avait à peine l'ombre. Corneille avait écrit :

> Le prince, pour essai de générosité,
> Gagnerait des combats, marchant à mon côté.

Scudéry déclara que *essai* et *générosité* formaient une « fausse rime » ; l'Académie eut beau rassurer Corneille, Corneille se corrigea :

> Le prince, à mes côtés, ferait dans les combats
> L'essai de son courage à l'ombre de mon bras.

Par malheur, Corneille n'évita pas toujours ces fâcheuses rencontres des rimes léonines ; ses nobles vers en fourmillent : toutefois, en ses nobles vers, la césure est si fortement accentuée, que les rimes « au milieu » ne brisent point le rythme [1]. Chez Racine, c'est une avalanche, et, qui pis est, Boileau lui-même y a choppé.

Que si nos maîtres ont laissé ces grains de poussière dans leurs poèmes, rappelons-nous que les astronomes voient des taches dans le soleil, et que tout le monde peut voir des vers léonins dans les œuvres de V. Hugo. L'homme immense qui a compté

> Combien faut-il de poux pour manger un lion,

a choppé autant et plus que Boileau, sur le fait des vers léonins ou semi-léonins ; témoin cette tirade imbécile de son *Crapaud :*

---
1. Cf. Souriau, *lib. cit.*, pp. 143-146.

> Le stupide attendri, sur l'affreux se penchant,
> Le damné bon faisant rêver l'élu méchant,
> L'animal s'avançant, lorsque l'homme recule...

Et combien d'autres cailloux noirs dans cette voie lactée!

Terminons ce long chapitre des mauvaises rimes par une toute petite remarque d'un contemporain de Racine : « Quand on a une fois rimé sur une terminaison, on n'y doit plus revenir qu'après six vers (¹). »

Pourquoi ce conseil? C'est que la variété plaît, même la variété des rimes, et que la monotonie est fatale même à cette musique des syllabes. Pourquoi *après six vers* ? C'est qu'après une demi-douzaine d'alexandrins (il s'agit de ceux-là), l'esprit et l'oreille ont oublié les consonances entendues. Où le P. Mourgues avait-il pris l'idée de cet avertissement ? Peut-être en relisant les magnifiques alexandrins de Racine, où les finales reviennent trop souvent les mêmes, surtout la finale en *é* avec ses nuances.

Au demeurant, des clairvoyants ont découvert chez Hugo six vers de suite rimant en *é* (²). Racine n'est donc pas seul coupable, et puis il y a des crimes poétiques pires que ceux-là.

De tout ceci, que conclure ? Une chose seulement, ou deux. Ne jetons point la pierre aux anciens. Sans nous permettre ni plus de négligences, ni de plus graves, rimons des vers aussi

---

1. P. Mourgues, *Traité de la Poësie françoise*, seconde édition, 1697 ; p. 23.
2. V. Cl. Tisseur, *Modestes observations*, p. 160.

beaux que ceux d'*Athalie*, pas plus beaux ; cela fera tant de plaisir à la postérité !

IV.

Après les rimes riches et les rimes pauvres, infiniment au-dessous des unes et des autres, viennent les extravagantes, les rimes en écho, les rimes calembours, les rimes burlesques et funambulesques.

Mieux vaudrait écarter d'une étude littéraire cette quincaillerie ; mais les quincailliers sont presque toujours des poètes patentés, et les Traités de littérature, les dictionnaires savants, les prosodies qui ont pour but d'enseigner au génie son métier, n'ont garde de négliger ces bibelots et ces chinoiseries des muses. Parlons-en pour mémoire, non pour apprendre aux gens les grimaces d'Apollon.

Qu'un poète gai (il s'en rencontre) y perde un demi-quart d'heure, pour se reposer, on ne saurait lui en faire un gros reproche. Est-ce qu'on se plaindra de ce qu'un Raphaël jette, en s'amusant, sur un bout de carton une caricature qui rit dans un coin de son imagination ? ou de ce qu'Hippolyte Flandrin, après avoir étalé une fresque superbe, s'attarde à crayonner un nez de travers ? Samson, le plus fort des hommes — c'est une remarque de Paul de Saint-Victor — après avoir emporté une porte de ville sur ses épaules, ou massacré des centaines de bandits avec une mâchoire d'âne, ne s'amusait-il pas à proposer des devinettes aux Philistins ?

Les poètes, pour se divertir, jonglent avec des rimes en écho, et ce n'est pas d'hier, ni de 1830, que datent ces jeux de syllabes. On en trouve au moyen âge, au temps où les *logeurs du bon Dieu* s'égayaient à sculpter, sur les flancs d'une cathédrale grandiose, une gargouille bien hideuse. Joachim du Bellay s'y exerça :

> Et maintenant, que sens-je en mon courage ?
> Rage.
> Qu'est-ce qu'aimer et s'en plaindre souvent ?
> Vent.

Les autres braves rimeurs du seizième siècle y ruinèrent le peu de bon sens dont la nature les avait nantis. Mais ils ne se bornèrent pas au simple *écho ;* ils firent des rimes *couronnées*, où la syllabe finale se répète deux fois ; des rimes *empérières*, au triple écho ; écoutez les empérières de l'abbé Massieu :

> Benins Lecteurs, très-diligents gens, gents,
> Prenez en gré mes imparfaits faits, faits...
> Qu'es-tu qu'une immonde, monde, onde ?...

Les rimes étaient *annexées* ou *fratrisées*, lorsqu'on répétait les syllabes au début du vers suivant. En voici de Marot :

> Metz voile au vent ; single vers nous, Caron ;
> Car on t'attend ; et quand seras en tente,
> Tant et plus boy *bonum vinum carum*...

Les rimes *batelées* et *brisées* étaient des variétés de ce genre de sottises.

En plein dix-septième siècle, au beau milieu d'un poème sur la *Madeleine*, le carme Pierre de Saint-Louis dépensait aux rimes en écho son temps, sa verve et tous les monosyllabes qu'il avait au bout de sa plume ; sous prétexte que, pendant les prières de l'admirable Pénitente, les rochers de la Sainte-Baume lui renvoyaient la fin de ses phrases.

Tout le monde sait un ou deux couplets *en écho* du chansonnier Panard : A Paris,

> On y voit des commis
> Mis
> Comme des princes ;
> Après être venus
> Nus
> De leurs provinces.

Amédée Pommier en a rassemblé presque un volume dans ses *Colifichets ;* et V. Hugo (lui, toujours lui !) a daigné en semer dans *Cromwell*, après en avoir aligné cinquante strophes dans la *Chasse du Burgrave :*

> Mon page, emplis mon escarcelle ;
> Selle
> Mon cheval de Calatrava ;
> Va.
>
> En chasse ! le maître en personne
> Sonne.
> Fuyez ! voici les Paladins,
> Daims.

Les rimes en calembours sont de tous les temps. Elles fleurissent au seizième siècle sous le nom de rimes *équivoquées*. Meschinot, Molinet,

Crétin, Marot s'y attelèrent. Citons Crétin et Marot. Crétin exhorte la comtesse de Dammartin à passer dévotieusement la Semaine-Sainte :

> Pour bien sçavoir comment cela se mène,
> Fille, Lundi, commence la semaine
> Plaine d'ennuy et de pénalité ;
> Cueur devot doibt en la peine allité... etc.

Voici Marot :

> En m'esbatant, je fais Rondeaux en rime,
> Et en rimant bien souvent je m'enrime ;
> Bref, c'est pitié, entre nous rimailleurs,
> Car vous trouvez assez de rime ailleurs ;
> Et quand voulez, mieux que moi rimassez ;
> Des biens avez et de la rime assez ;
> Mais moi, avec ma rime et ma rimaille,
> Je ne soustien (dont je suy marry) maille.

Laissons aux almanachs et aux quatrièmes pages de journaux plaisants cette *rimaille*. A peine, çà et là, une rime calembour fournit-elle un trait d'esprit qui touche à la littérature. Michaud fit ce distique sur la candidature de Campenon à l'Académie, en 1813 :

> Au fauteuil de Delille aspire Campenon :
> A-t-il assez d'esprit pour qu'on l'y campe ? —...

Campenon riposta par un autre distique, assez faible, où *Michaud* rimait à *ami chaud*.

Un jeu de rimes auquel Banville consacra une bonne part de ses facultés, et qui est le calembour allongé, consiste à faire consonner le plus possible de syllabes ; si possible, la moitié du vers ; comme lorsque le poète des funambules dit que les Auvergnats et les enfants d'Issoudun sont assez avisés pour faire *dix sous d'un;* et lorsque M. Bergerat dit, en face de je ne sais quelle bouteille :

> Il appert du cachet que cette cire accuse,
> Que ce vin, compagnons, est bien de Syracuse.

Pour louer dignement Banville, dans sa propre langue et avec ses moyens, Albert Millaud a écrit une quarantaine d'alexandrins de ce goût. Combien y a-t-il perdu de jours ou d'heures ? Je ne sais, et le temps ne fait rien à l'affaire. Je détache une douzaine, ou un peu plus, de ces alexandrins pour rire :

> Vous ne connaissez pas le seigneur de Banville !
> Poète, il se concentre aux champs, s'absorbe en ville...
> Il est du bout du crâne au bout de la semelle,
> Ce poète charmant, suave, en qui se mêle
> L'oiseau, le papillon et les merles siffleurs,
> La rose, le muguet, enfin cinq ou six fleurs,
> Tout ce que la nature offre en épître à l'âme ;
> Gai comme un lai, divin comme un épithalame !
> Va, poète, partout, cours, vole en tout temps droit
> Et juste ! Abeille d'or, butine en tout endroit ;
> Va, le monde est à toi. Chante le Rhin, l'Euphrate,
> Le daim, que le chasseur juché sur un bœuf rate ;
> Chante Londres, Paris, Siam, Stamboul, Angers ;
> Mais ne consacre pas de vers aux Boulangers.

Pauvre langue française ! beaucoup trop riche en ces sortes de misères.

Au surplus, Banville aurait dû se pendre. Ses rimes *équivoquées* sont presque faibles à côté de celles de Crétin, et Crétin et Banville sont des arriérés. Cet art était renouvelé du temps jadis, comme le jeu d'oie. Dès le douzième ou treizième siècle, dans les Contes et Fableaux, nos trouvères s'ébattaient à cet innocent cliquetis. Ces rimes funambulesques furent inventées plus de six cents ans avant les *Odes* banvilliennes. Chez Gautier de Coincy, elles foisonnent. Prenons-en une dans les *Miracles de Nostre-Dame* et une dans l'histoire de sainte Léocade :

> Saluons tuit ensemble Nostre Dame et s'ymage ;
> Sa douceur, sa franchise, le cuer espris si m'a, ge
> Ne puis plus tenir...

> La Sainte Vierge Leocade
> En souspirant li dist : O, qu'a de
> Douceur, douce pucele, en toi !

M. de Banville n'est qu'un plagiaire. Un aimable poète contemporain, M. Villefranche, parodiait naguère les calembouriers et funambulesques dans ce quatrain :

> Combien vous en voyez, ô port de Lorient,
> De vaisseaux envoyés aux ports de l'Orient,
> Pour ravir aux déserts où le chameau habite
> L'autruche, roi des airs, ou le chat moabite.

Il y a plus fort, et vous savez tous les calembours de douze syllabes tréfilés par Marc-Monnier ; l'un sur la tour Magne, l'autre sur deux gens de lettres dont le nom risque d'aller à la postérité grâce à ce tour de force :

> Gall, amant de la reine, alla (tour magnanime !)
> Galamment, de l'arène à la Tour Magne, à Nîme.

> Laurent Pichat virant (coup hardi) bat Empis ;
> Lors Empis chavirant, couard, dit : Bah ! Tant pis !

C'est le comble. *Plaudite, cives !*

Pourtant, un mot encore à propos de la rime *burlesque*. La rime burlesque, c'est, par un côté, de la littérature. Le grand Siècle s'y divertit pendant vingt-cinq ans, et Racine lisait (en cachette de Boileau) le *Virgile travesti*.

Banville dit (pardon, je le cite encore, mais c'est de la prose, et cette prose a raison) : « L'impression comique... est obtenue par des combinaisons de rimes, par des effets harmoniques et par des sonorités particulières. » On peut faire rire avec des combinaisons musicales. On fait rire avec des rimes choisies pour cela, arrangées pour cela. Il y a des rimes burlesques et drôles par elles-mêmes ; telles sont, dans les *Châtiments*, ces consonances insolites :

> Vicomte de Foucault, lorsque vous empoignâtes
> L'éloquent Manuel de vos mains auvergnates...

Selon La Harpe ([1]), les rimes en *ote* sont fatalement vouées aux poèmes pour rire ; on ne peut ni ne doit les admettre « dans un langage sérieux ». Mais il me semble que la faute en est moins aux consonances en *ote* qu'aux vocables qui les portent, et qui, presque tous, éveillent une idée comique ou triviale : *redingote, ravigote, gibelotte, calotte, botte, ribote.*

Et il me souvient du discours point du tout épique, tenu, dans *Aymerillot*, par le comte de Gand à Charlemagne : Nous mangions, dit l'honnête paladin flamand,

---

1. Tome XI, p. 477.

> Des rats et des souris, et pour toutes ribotes,
> Nous avons dévoré beaucoup de vieilles bottes.

Les critiques du dix-septième siècle, plus habitués que nous au style noble, reléguaient dans les vers burlesques des rimes, dont nous faisons usage même en des poèmes de haut vol. Ménage donnait ce conseil aux rimeurs en 1666 : « Ceux qui se mêlent de faire des vers, ne les finiront jamais, s'ils m'en croient, par les troisièmes personnes du futur, si ce n'est en burlesque ([1]) » ; et il citait à l'appui ces vers du *Voyage* de Chapelle et Bachaumont :

> Chaque petit dieu glosera
> Sur ce que Neptune fera ?
> Per dio, questo non sarà.

Quant aux trouvailles et combinaisons de rimes, auxquelles les burlesques avaient recours, elles étaient peu compliquées ([2]). L'une des trouvailles c'était de se fournir de rimes inouïes, hugotiques avant la lettre ; la principale combinaison, la seule, était d'écrire en rimes plates à la file, au bout de vers très courts, huit syllabes d'ordinaire ; de façon à faire entendre toutes ces rimes, en les jetant l'une contre l'autre : c'est le secret de Scarron, de Jean Loret, de l'infortuné d'Assoucy. Relisons l'*Arma virumque cano*, traduit par Scarron :

---

1. *Remarques sur les poésies de Malherbe*, p. 575.
2. Ici, il n'est question que de la rime. Le burlesque avait d'autres petits moyens. Cf. Notre *Merveilleux, au XVIIe siècle;* chap. du *Merveilleux burlesque*.

> Je chante cet homme Pieux,
> Qui vint chargé de tous ses Dieux
> Et de Monsieur son Père Anchise,
> Beau vieillard à la barbe grise,
> Depuis la Ville où les Gregeois
> Occirent tant de bons Bourgeois,
> Jusqu'à celle où le pauvre Rême
> Fut tué par son frère mesme,
> Pour avoir en sautant passé
> De l'autre côté d'un fossé...

C'est de la sorte qu'Apollon devint un Tabarin, et que les Muses se firent « musiciennes à castagnettes ou à cliquettes et à tambour de Biscaye (1) ».

V.

Scarron, pour trouver ces rimes deux à deux, n'avait aucun besoin de se creuser la tête; ces rimes-là viennent comme elles vont, toutes seules. Ce n'est point toujours le cas des meilleures rimes dans les meilleurs poèmes. Boileau, paraît-il, travailla presque huit jours pour découvrir une rime à *grosseur* dans le portrait de son prélat du *Lutrin*. Enfin, il découvrit *épaisseur*.

Avec un *Dictionnaire de rimes*, Boileau eût trouvé aussi bien et mieux, en trois minutes; et ses lecteurs y auraient gagné quatre bons vers de plus. Tel ou tel de nos lecteurs, à nous, se récriera en rencontrant ici un éloge de ce petit livre carré, de ce « Napoléon Landais que Banville a sacré comme le bréviaire des Parnas-

---

1. Ch. Sorel, *De la connoissance des bons livres*, p. 230.

siens (¹) » ; et dans lequel je lis, à la page XIII :
« La recherche de la rime, convenablement
guidée, est un obstacle de plus à la négligence
du style. » Par cette petite incidente qui n'a l'air
de rien, « convenablement guidée », l'auteur
s'offre pour guide; mais si l'on prend des guides
lorsqu'on escalade le mont Blanc, qui défend d'en
accepter lorsqu'on tente l'ascension du mont
Parnasse? Napoléon Landais est, à mon avis, le
plus sûr; essayez-en. Et s'il vous arrive — tout
arrive en ce monde — de visiter un poète fieffé
et renté, un de ceux qui brillent, en habit vert,
sous la Coupole Mazarine, regardez attentivement au coin de sa table de travail ; vous y verrez le guide.

Voilà tantôt deux cents ans, du Bos, secrétaire perpétuel de l'Académie, écrivait : « Le
Dictionnaire de Rimes (est) le livre favori des
rimeurs sévères. Quoi qu'ils disent, ils ont tous
ce livre dans leur arrière-cabinet (²). » Aujourd'hui, l'on n'a plus d'arrière-cabinet et l'on n'a
point honte de laisser voir ce livre utile et honnête.

J'ai dit *utile*. Un froid compilateur et ardent
Janséniste, le chanoine Goujet, était d'une opinion toute contraire : « Ces sortes d'ouvrages...
peuvent servir à favoriser la paresse et à refroidir l'imagination ; et on les voit rarement entre
les mains de ceux qui ont le vrai talent de la

---

1. Cl. Tisseur, *lib. cit.*, pp. 158-159.
2. *Réflexions critiques*, 1ʳᵉ Partie, Sect. 36.

Poésie ». Goujet, que l'influence secrète laissa toujours dormir, juge de ces choses-là, comme un aveugle disserte de l'arc-en-ciel. Malgré cette boutade, Goujet dresse quand même une liste de ces « sortes d'ouvrage »; par où l'on est averti que l'on en possédait au moins une demi-douzaine avant l'apparition du dictionnaire de Richelet. Voltaire affirme, en son *Siècle de Louis XIV*, que « Richelet... est le premier auteur des dictionnaires de rimes ». C'est une des mille et une âneries de Voltaire.

Celui de Richelet, qui est l'œuvre d'un Frémont d'Ablancourt, retouchée par ledit Richelet, parut en 1667; Boileau a pu s'en servir; et Ronsard se servit probablement de celui du Dijonnais Jean Le Fèvre; le même, qu'en 1571, Étienne Tabourot (sieur des Accords), avait redonné au public, « pour aider les bons esprits, amateurs de la Poësie françoise, lesquels, au lieu de ronger leurs ongles, se grater derrière la teste, pour trouver la mémoire d'une contre-rime, perdent cependant de belles inventions qui s'escoulent ».

Cette naïve définition, et bien vieille, reste juste après trois cents ans de rimes. Mais elle est incomplète. Le dictionnaire de rimes n'a pas pour unique objet d'empêcher qu'on ne perde et le temps et les belles inventions qui s'écoulent avec lui. Si l'on sait manier cet instrument, il fait venir d'autres belles inventions qui, sans son secours, risqueraient d'être à jamais ensevelies. C'est d'un choc que naît une étincelle ; et du heurt fortuit d'une syllabe contre sa semblable peut jaillir un vers sublime ; puis, l'un amenant l'autre, une tirade de même allure. Vous avez déjà une idée parfaite, sauf la rime ; vous parcourez de l'œil, quelquefois l'esprit tout distrait, la colonne du dictionnaire ; une syllabe vous frappe ; la lumière rayonne ; une image neuve éclate, à laquelle vous n'auriez jamais songé et qui vaut toutes celles que vous avez tirées de votre fonds, votre cerveau tenaillant.

Vous avez un bon alexandrin, mais criard, une période monotone trop fournie de mauvais sons au concours odieux (c'est du Boileau) ; il y faudrait introduire une, deux finales différentes pour en modifier le ton. Allez les cueillir dans les colonnes du petit livre, surtout aux colonnes des verbes ; souvent, pendant votre recherche, il s'en échappera une consonance pleine et inattendue.

Le Dictionnaire de rimes, à ceux qui savent en user, fournit, si j'ose dire, moins de rimes que d'idées.

Les écoliers et les rimeurs ne voient là qu'une suite de mots finissant à peu près comme celui qu'ils ont couché sur leur papier. Les artistes lisent au delà.

Il y a des livres aide-mémoire ; celui-ci, pour les poètes, aide l'oreille et la pensée.

Pardon de ce dithyrambe, en faveur d'un pauvre serviteur fort commode et trop décrié.

Le grand Corneille demandait ses rimes à Thomas. Pourquoi, vous et moi qui ne sommes point Corneille, n'en demanderions-nous point à ce conseiller muet, bien plus riche, à cet égard, qu'un cadet de Normandie ?

CHAPITRE VII.

Dernières lois et nouveaux caprices. — Alternance de rimes. — Rimes masculines et féminines. — Conclusions et Conseils.

I.

U point de vue de la sonorité forte ou faible des consonances, les rimes sont dites *masculines* ou *féminines*. « Jadis l'*e* muet s'appelait l'*e* féminin ([1]) ; » d'où le nom de la rime terminée par un *e* muet, quel que soit le genre du mot.

Nos vieux poètes, dans leurs lesses épiques, et quelquefois dans leurs chansons, préféraient souvent les syllabes fortes, qui étaient plus aisées à souligner d'une note de viole. Les poètes au génie plus alerte, pour varier la mélodie, commencèrent de bonne heure à entremêler les syllabes fortes et faibles. Nous en avons donné des exemples. Dès le douzième siècle, dans les poèmes chantés, on entrelaçait souvent les rimes, suivant la forme d'un premier couplet, qui déterminait la mélodie.

A mesure que l'oreille française s'affine et s'épure, le mélange des rimes fortes et faibles se fait plus régulier. La loi de l'alternance, proposée par Jean Bouchet, en ses *Épistres familières*, fut promulguée par Ronsard. Mais longtemps avant la Pléiade, on avait senti et deviné

---

1. Becq de Fouquières, p. 40.

l'effet de variété musicale produit par cette succession des syllabes masculines et féminines. Octavien de Saint-Gelais, mort en 1502, louait Greban (Simon) de s'y être appliqué :

> Je trouve beau mettre deux féminins
> En rime plate avec deux masculins ;
> Semblablement quand on les entrelace
> En vers croisés où Greban se solace.

Ainsi, dès le quinzième siècle, on comprenait le « beau » de l'alternance. Les maîtres de la Pléiade, tous artistes, décrétèrent, comme musiciens, ces combinaisons mélodiques. Ronsard dit, en son *Abrégé de l'Art poétique* :

> A l'imitation de quelques-uns de ce temps, tu feras tes Vers masculins et féminins, tant qu'il te sera possible, pour être plus propres à la musique et accord des instrumens, en faveur desquels il semble que la Poësie soit née...
> Si, de fortune, tu as composé les deux premiers Vers masculins, tu feras les deux autres féminins et paracheveras de mesme mesure,... afin que les Musiciens les puissent plus facilement accorder.

Et Joachim du Bellay ne se trompe point, lorsqu'il hasarde cette opinion au sujet des *Psaumes* de Marot :

> Il y en a qui fort superstitieusement entremeslent les Vers masculins avec les féminins, comme on peut voir aux Psalmes traduicts par Marot : ce qu'il a observé (comme je croy) afin que plus facilement on les peust chanter sans varier la musique pour la diversité des mesures qui se trouveroient en la fin des Vers ([1]).

Du Bellay, en cette prose, a l'air de dédaigner

---

1. *Deffense et illustration*, II, 9.

la succession des rimes ; mais il s'y soumit, en ses vers, comme ses confrères. Ils travaillaient tous, sinon pour le musicien, du moins pour la musique.

Voltaire raconte comme quoi, cent ans plus tard, Quinault finissait quasi toujours ses couplets par des rimes masculines, plus commodes pour le rythme musical. Et au dix-huitième siècle, Jean Rameau demandait aux poètes ces finales au son plein, qui concordaient mieux avec son genre de talent et sa façon de rythmer (1).

C'est, qu'en effet, les syllabes pleines et fortes des rimes masculines, et les syllabes muettes et faibles des rimes féminines, n'ont point la même valeur de prononciation, ni musicalement une même durée. Dans le rythme intérieur du vers, les syllabes féminines qui ne s'élident point, comptent pour un pied aussi bien que les syllabes masculines ; en réalité, elles valent ou une croche, ou une double croche, par rapport aux autres qui représentent une noire ou une blanche. Et dans la lecture ou la déclamation, les *barbares* seuls les négligent ; celui-là (fût-il un gros personnage de la Comédie-Française) serait littérairement un Visigoth, qui déclamerait ou lirait ainsi ces deux vers d'*Iphigénie* et d'*Athalie* :

> La colèr' des dieux d'mand' un' victime...
> Et du templ' déjà l'aub' blanchit l' faîte...

On glisse très rapidement sur l'*e* muet, en allongeant, ou plus ou moins, la syllabe forte qui pré-

---

1. Cf. Bellanger, la *Rime*, p. 200 et suiv.

cède dans le même mot ; il n'y a pas d'autre manière de dire les vers et les rimes féminines ; encore que la syllabe muette ne compte pas à la rime, « étant placée entre la syllabe tonique et le temps de l'aspiration » (1). L'*e* muet y sonne, très peu, mais un peu, grâce à l'accentuation renforcée de la tonique. C'est à peine une demi-émission de voix, comme un souffle, « le dernier souffle d'une voix près de s'éteindre » (2). Mais, enfin, c'est quelque chose. Et le savant Littré ne fait pas preuve d'une grande science lorsqu'il écrit, au sujet des rimes masculines et féminines, et de leur alternance :

> Cette règle est complètement illusoire et si elle satisfait l'œil, elle trompe complètement l'oreille ; or en fait de rime c'est là une véritable absurdité.
>
> On appelle rime masculine, par exemple, *mer* avec *enfer*, et rime féminine, *mère* avec *il enferre*. Il n'y a qu'à prononcer ces mots, pour reconnaître que le son en est identique, que la différence n'est que pour l'œil et qu'à l'oreille, la prétendue rime masculine sonne vraiment comme une rime féminine (3).

Pardon, Monsieur, il n'y a qu'à les prononcer comme on les prononce en disant les vers (quand on les dit bien), pour reconnaître que le son n'en est pas identique. Citons là-dessus un homme de lettres qui répond au savant :

> L'erreur de Littré,... comme celle de plusieurs philologues, consiste à croire que la prononciation de la poésie est la même que celle de la prose.

---

1. Becq de Fouquières, *Traité général*, p. 40.
2. *Id.*, p. 41.
3. *Histoire de la Langue française*, t. I, 5ᵉ édit., p. 334.

Je passe plus outre, et je dis que, même en prose, il existe une différence dans la prononciation de *fer* et *enferre*, pour peu qu'il s'agisse d'une prononciation un peu soignée ; par exemple, si l'on parle en public.

A mon humble estime, c'est bien à tort que, dans son dictionnaire, Littré a écrit la prononciation des mots terminés en *e* muet, en substituant à cet *e* une virgule en l'air : *flamm'*. Ceci est la prononciation tout à fait familière... Ce n'est pas la diction (1).

Et Becq de Fouquières confirme cette affirmation, en apportant, pour exemple, deux alexandrins de Racine. *Fer* et *faire*, pris isolément et dans la conversation, sonnent identiquement ; soit ; mais ces deux mots « ne peuvent se confondre, en tant que sons, à cause de la syllabe muette qui termine le verbe et qui compte dans le vers :

> Tendre au *fer* de Calchas une tête innocente,...
> Je puis *faire* les rois, je puis les déposer... »

Fer et *faire* ne sonnent plus exactement de même. Ainsi en est-il à la fin du vers ; et c'est le principe des rimes féminines. Ajoutons, avec du Bos, qu'on ne sent bien « l'agrément de la rime — et de l'alternance — qu'au bout de trois ou quatre vers, lorsque les rimes masculines et féminines sont entrelacées (2). » Pour un poète un peu habile, et qui a de l'oreille, c'est une souffrance que d'ouïr des vers où la loi d'alternance n'est pas gardée ; seuls, les symbolistes ne sentent rien.

---

1. Clair Tisseur, p. 282. — C'est aussi le conseil de Legouvé, disant qu' « il faut lire les vers comme des vers et interpréter les poètes en poète ».

2. Première partie, section 36.

Par le choc des unes aux autres, on en saisit mieux la différence et le charme. Et ce charme, voilà longtemps que les lettrés délicats l'ont saisi, affirmé, défini :

> Il n'y a rien de plus agréable que notre *e* muet, que toutes les autres langues n'ont point et qui finit la plupart de nos mots. Il fait les rimes féminines qui donnent une grâce singulière à notre poésie (¹).

Un autre écrivain d'esprit du dix-septième siècle prétend, non sans cause, que nos vers ont une variété et une mélodie qui manquent aux langues étrangères, « à cause d'une certaine terminaison molle et prononcée à demi » dans les mots en *e* muet (²). Finissons par un critique de 1715 :

> La Poésie Françoise... trouve un agrément qui n'est propre qu'à elle, dans l'usage que nous faisons des rimes masculines et féminines.
>
> L'arrangement que nous leur donnons, n'assujettit pas davantage que la rime des autres Poësies qui ne peut être que masculine.
>
> Aussi, quelques choses que disent à cet égard les Étrangers, jaloux de ce mérite de nos Vers, elles ne serviront qu'à relever l'idée qu'on en doit avoir ; et il seroit bien extraordinaire de négliger pour cela l'agrément que notre Langue nous offre si naturellement en cela par le moyen des *e* muets (³).

---

1. P. Bouhours, *Entretiens d'Ariste et d'Eugène*, 2ᵉ Entretien.
2. Ch. Sorel, *lib. cit.*, p. 195.
3. Duval de Tours, *Nouveau choix de Pièces*, Préface. — Il n'est pas tout à fait exact de dire que dans « les autres poésies », il n'y a que des masculines : mais l'argument reste.

II.

Certains *jeunes*, qui croient toujours avoir découvert l'Amérique, ou la Méditerranée, s'imaginent être les seuls à avoir deviné les sentiments (ils disent *sensations*) auxquels répondent les syllabes fortes et faibles. Deux siècles avant ces jeunesses, on le savait ; j'en ai pour garant le bon vieil érudit Ménage : « Remarquez, dit-il, que les rimes masculines ferment mieux la période que les féminines ; mais, dans les sujets tristes, les rimes féminines, comme plus languissantes, finissent plus agréablement ([1]). » — De fait, les strophes et les tirades s'achèvent avec plus de vigueur par des masculines ; par des féminines, avec plus de grâce, de tristesse, de vague, d'indéfini, ou, pour parler la langue actuelle, d'*imprécis*.

Nos anciens avaient même, par avance, condamné les folles tentatives de nos *chercheurs de moules*, pour qui les lois de l'alternance sont une superstition d'un monde arriéré et usé. Nos anciens avaient dit que négliger ces lois, c'est ruiner l'harmonie, la variété, les heureuses alliances des syllabes éclatantes et des syllabes voilées, — alliances qui écartent ce fléau de l'oreille, la monotonie. Ronsard estime que ce mélange, ou comme disait Étienne Pasquier, cette « entreveschure » des rimes masculines et féminines, des syllabes fortes et faibles, des

---

1. Voir *Dictionnaire* de Furetière : RIME.

désinences claires et sonores, sourdes et molles, rend « les vers plus propres à la musique » ; et Marmontel : « Les vers masculins sans mélange auroient une marche brusque et heurtée ; les vers féminins sans mélange auroient de la douceur, mais de la mollesse. »

Qu'ils s'accompagnent d'une lyre au plectre d'ivoire, ou d'une vielle, ou simplement de la musique des syllabes, les poètes sont des *chanteurs*. La poésie est un chant ; or un chant, où toutes les finales seraient semblables, serait une psalmodie sur un ton, c'est-à-dire de l'ennui et de l'agacement. Cela endort ou assomme.

Les tenants de la décadence, du symbolisme (parlons franc), de l'extravagance, jurent par tout ce qu'ils ont de dieux poétiques, que c'est au contraire le beau et le *nec plus ultra* de l'art. Ouvrez, si le cœur vous en dit, et si vous êtes armé contre les nausées morales, quelques-uns des recueils où ils déposent leurs rêves, leurs lignes boiteuses, leurs alexandrins de treize pieds ou de quinze. Comme ils ont soin d'y mépriser l'*entreveschure* des rimes ! Foin des prosodies et des usages respectés du génie !

Le beau, pour tout le monde, c'était de marcher droit sur ses pieds ; pour ces messieurs, c'est de trotter sur les mains, la tête en bas. Voilà comment ils renouvellent l'art de marcher. Dans les vers, plus de rimes s'étayant et se répondant, deux à deux, une forte, une faible. Mais, au rebours, rien que des syllabes fortes, éclatantes, ou rien que des syllabes sourdes, molles et flasques ; ou bien, sans autre raison que le hasard, un fouillis, un désordre, qui est un effet de l'art décadent. Vous m'excuserez de cueillir des exemples uniquement chez les maîtres, ou mieux, chez le maître Verlaine. Ensuite, je me permets de vous prévenir que ce sont des vers ; je vous avertis, en outre, que je les prends dans un ou deux des recueils où un œil chaste peut se promener. Mais je n'ose m'aventurer à vous les traduire en français. En voici d'abord en rimes toutes masculines ; ils ont, je crois, onze pieds :

> La tristesse, la langueur du corps humain,
> M'attendrissent, me fléchissent, m'apitoient,
> Ah ! surtout quand des sommeils noirs le foudroient,
> Quand des draps zèbrent la peau, foulent la main,
> Et que mièvre dans la fièvre du demain,
> Tiède encor du bain de sueur qui décroît
> Comme un oiseau qui grelotte sur un toit,
> Et les pieds toujours douloureux du chemin...

En voici d'autres à rimes féminines : et je suis enclin à penser qu'ils ont treize pieds ou environ. Il paraît même qu'on les regarde comme une merveille entre tant d'autres de cet ouvrier :

> Londres fume et crie. O quelle ville de la Bible !
> Le gaz flamboie et nage et les enseignes sont vermeilles ;
> Et les maisons dans leur ratatinement terrible
> Épouvantent comme un sénat de petites vieilles...

Je joins à ce morceau fameux, un autre morceau, taillé dans l'œuvre que l'on dit être, si j'ai bien compris, le *grand coup* du Maître :

> Ce fut un athée, et qui poussait loin sa logique,
> Tout en méprisant les fadaises qu'elle autorise,
> Et comme un forçat qui remâche une vieille chique,
> Il aimait le jus flasque de la mécréantise ;
> Ce fut et quel préjudice ! un Parisien fade,
> Vous savez, de ces provinciaux cent fois plus pires
> Qui prennent au sérieux la plus sotte cascade,
> Sans s'apercevoir, ô leur âme, que tu respires,
> Enfin un sot, un infatué de ce temps bête,
> Dont l'esprit au fond consiste à boire de la bière...

Peut-être les messieurs qui unissent ces deux extrêmes, la jeunesse à la décadence, sont-ils doués d'oreilles, coulées, elles aussi, dans de nouveaux moules : tant ils ont soin de crier que, grâce au mépris de l'alternance des rimes, ils entendent un million de choses, où vous et moi, nous ne saurions atteindre.

Nos vieux artistes de la Pléiade, qui étaient des « intellectuels » ; nos vrais Maîtres, les classiques qui mettaient leur âme dans leurs poèmes ; les romantiques, artistes plus en dehors, mais qui sentaient vivement la mélodie des syllabes, eurent raison de vouloir ce mélange de rimes sonores, claires et pleines où la voix monte, éclate, s'appuie ; et des rimes plus douces et qui tombent, et sur lesquelles la voix s'allonge et se traîne. Grâce à l'alternance, une rime repose de l'autre : l'alternance bien ménagée repose surtout de l'ennui, lequel, un jour, naquit de l'uniformité.

III.

L'alternance a des lois nombreuses et des libertés indéfinies. Les lois sont fixes pour un bon nombre de poèmes, où s'exerce, tantôt le génie, tantôt l'esprit, le plus souvent l'adresse, qui se plaît aux tours de force. Je ne fais qu'indiquer : le Sonnet « aux rigoureuses lois », le Triolet, le Rondeau, et ces autres antiques épiceries (c'est un mot de Joachim du Bellay), le Lai, le Virelai, la Ballade, le Chant-Royal et ces autres façons plus neuves d'enchâsser de jolis riens : La Sextine, le Pantoum, la Terza Rima. Voyez les prosodies. Le grand mérite de ces petites choses gît dans l'alternance et le retour régulier des rimes ; jongleries de rimes fortes et faibles ; airs de musique très compliqués sur des vielles perfectionnées.

Au point de vue de la succession des rimes, on distingue en outre : 1° Les rimes *plates*, à l'allure plus solennelle ; et par suite, plus appropriée à certains *grands genres* : Tragédie, Drame, Comédie, Épopée, Poèmes didactiques, Satires, Récits épiques. Et ce fut encore une chimère de Fénelon de s'imaginer que « cette répétition de syllabes finales lasse même dans les grands vers héroïques, où deux masculins sont toujours suivis de deux féminins ». — Cela dépend du poète, des vers, des rimes ; la lassitude peut couler de ces trois sources; les chefs-d'œuvre aussi, qui ne fatiguent point. Les rimes plates conviennent encore à de gracieuses bluettes, en ïambes, c'est-à-dire, alexandrins et vers de huit pieds, où le rapprochement des rimes ressemble à un tintement de cloches ;

2° Les rimes *croisées*, qui conviennent aux strophes vibrantes ou tristes ; aux récits alertes, enthousiastes, gracieux et autres. Hugo est le maître ;

3° Les rimes *redoublées*, ou répétées, faites pour les strophes à chanter ; ou chez Leconte de Lisle, pour les strophes à peindre et à conter, strophes à carillon ; très riches et superbes, si la musique ne dure pas trop ;

4° Les *monorimes*, petit jeu sur une seule et même rime, comme le fameux *Château d'If*, si peu récréatif, de Lefranc de Pompignan ;

5° Les rimes *mêlées*, dans les vers réguliers ou libres ; rimes de dithyrambes, comme celui du bon Delille ; de chœurs tragiques, comme ceux de Racine ; de petits contes gais, méchants, abandonnés, comme le *Ver-Vert* de Gresset ; enfin, des fables. Et là, il n'y a qu'un maître. Pour lui, pour le *fablier*, la musique des rimes est l'accompagnement naturel des idées, avec lesquelles elles sont toujours d'accord : et dans ces fables, « les rimes mêlées sont souvent redoublées » ; et ces « rimes qui reviennent à courts intervalles, pressées, étourdissantes comme le bruit d'une roue qui tourne, entraînent l'esprit avec l'oreille ([1]) ». La Fontaine ressemble un

---

1. Taine, *La Fontaine et ses fables*, p. 308.

peu (oh! rien qu'un peu et par un côté) à nos vieux *trouveurs* qui contaient en jouant un air. Il se joue ses airs très variés, à l'aide de ses rimes, plates, groupées, dispersées, multipliées, « étourdissantes ». Taine en donne pour exemple deux tirades de la fable malicieuse : *Le Curé et le Mort :* « Ici, ses courtes mesures et ses rimes symétriques sont pleines de gaieté :

> Un mort s'en allait tristement
> S'emparer de son dernier gîte,
> Un curé s'en allait gaiement
> Enterrer ce mort au plus vite.

« On dirait, à entendre ces vers, que le bonhomme fredonne une chanson entre ses dents. Écoutez maintenant ces rimes accumulées et ces sons pressés qui expriment la volubilité et la loquacité...

> Le pasteur était à côté,
> Et récitait à l'ordinaire
> Maintes dévotes oraisons,
> Et des psaumes et des leçons,
> Et des versets et des répons.
> « Monsieur le mort, laissez-nous faire,
> On vous en donnera de toutes les façons. »

Quelle sonnerie ! après le glas, c'est le carillon de fête. Mais ceux-là seulement sonnent juste, qui ont quelque chose à dire, qui savent le dire, et qui veulent le dire. Les autres savent faire du bruit ; ils métamorphosent leurs syllabes en grelots colorés : et leur musique *peinte* rappelle une strophe de Hugo dans les *Misérables*; car Hugo,

fut, à ses heures, un décadent de première force:
et jamais décadent et symboliste n'ont fait une
plus belle musique peinte. Voici la strophe,
qu'on peut chanter sur l'air des *Dix fléaux* :

> Surlababi, mirlababo,
> Mirliton, ribon, ribette ;
> Mirlababi, surlababo,
> Mirliton, ribon, ribo.

Et remarquez, je vous prie que, tout en alignant
ces sottises sonores, Hugo est artiste ; aux syllabes fortes, en *bo*, vraies notes de trombone,
il mêle une petite note de flûte, une syllabe
faible, en *bette*, pour la variété et le repos de
l'oreille. Alors même qu'il déraisonne, Hugo
n'oublie point la valeur musicale et le jeu des
consonances. Il joue comme un aveugle, mais
non pas comme un sourd.

IV.

Les syllabes, sonores ou non, répétons-le pour
finir, ont un autre rôle à remplir, dans la poésie
française, que celui de notes musicales.

Qu'est-ce qu'un vers français ? Un nombre de
syllabes choisies, groupées par le rythme, unies
par la rime, offrant à l'oreille une mélodie, à
l'esprit une pensée ; éveillant dans l'âme un sentiment ou une volonté.

Faites des vers qui soient des vers, en vous
contentant des mètres qui ont suffi à tous nos
grands poètes ; mettez-y de la musique, du bon
sens, des idées et du français ; pendez-y des

rimes justes, riches, jamais banales, appartenant toujours à un mot nécessaire.

Ayez cure et souci des vieux conseils; de celui-ci, par exemple :

> Dans nos vers conduisons la rime,
> Et qu'elle ne nous mène point (1) !

Et de cet autre, que vous savez par cœur, depuis l'âge de douze ans :

> La rime est une esclave et ne doit qu'obéir.

C'est une esclave qui sert la raison et qui lui tient une belle compagnie; mais il serait honteux à un homme raisonnable qui pense, qui veut, qui versifie, de

> Se faire promener en laisse par la rime (2).

Enfin, qui que vous soyez, fussiez-vous un *enfant sublime*, ne méprisez point les vieux moules, les vieux modèles, les vieilles prosodies, ni les vieilles « entreveschures » de rimes masculines et féminines.

Faites les plus beaux vers du monde; et le secret, si vous l'ignorez, je vous le livre; le voici : avec des rimes toujours neuves,

> Sur des pensers nouveaux *rimez* des vers antiques.

---

1. P. du Cerceau, *Recueil de Pièces de Poésie*, p. 47.
2. L. Veuillot, *Satires*, I.

TABLE DES MATIÈRES.

CHAPITRE I.

La rime et les gens de lettres. — Philosophes, érudits, poètes. — Auteurs à consulter.

Pages

Rime et *vain peuple*. — Idées profondes d'un allemand sur la rime. — La rime et le rimeur. — Auteurs d'études sur la rime. — Tobler. — Les virtuoses : rime *léonine* et « rime de goret ». — Boileau, Racine, L. Veuillot et les gens pratiques. — Plan de l'ouvrage. — Un mot aux « enrouées cornemuses » 9

CHAPITRE II.

Origines de la Rime. — Fantaisies d'histoire et d'érudition. — La Bible, les Francs, les Arabes, les Toulousains. — Vraies origines : le latin classique ; le latin de décadence ; les chants d'Église.

I. Le Maire de Belges et la dynastie des Bardus. — Les Goths, les *Runers* et les *Runes*. — Un fils de Japhet ; un petit-fils de Caïn. — Musique et *plaisir* de la rime. — M. Becq de Fouquières et le *plaisir* de la rime. — La rime dans la Bible. — La rime et Mahomet. — Les Celtes... 21

II. Les Scandinaves, les Francs, l'*Evangelienbuch*. — S. Fortunat. — L'allitération, rime sauvage. — L'abbé du Bos et les rimes latines 28

III. Idées de Mgr Huet. — Les vers *léonins*. — La Harpe, le P. Mourgues ; *si la Garonne avait voulu !* — Troubadours et trouvères. 31

IV. Les rimeurs latins ; César, Adrien mourant. — Les *unisones* : Ennius, Cicéron : un couplet rimé sur la guerre de Troie. — 924 rimes chez Virgile. — L'*Apokolokyntose* et les *Nuits Attiques* 35

V. La rime chez S. Augustin, S. Ambroise, S. Damase, Fortunat. — L'hôtel de Rambouillet chez le roi Childebert II. — La chanson de Clotaire II. — Les anges, les rois, les Papes, les moines, rimeurs. — S. Thomas d'Aquin ; et l'incomparable rimeur Adam de Saint-Victor. — Nos « dévots aïeux ». 40

CHAPITRE III.

Histoire de la rime, du Xe au XXe siècle. — Rimes latines et romanes. — Assonance et rime. — « Art confus de nos vieux romanciers. » — Rimes doubles, classiques, modernes.

I. Troubadours, Cantadours : Bénédictins de Saint-Maur. — Une rime riche de V. Hugo. — Rimes des *Proses* latines ; rimes des chants grecs : Romanus et Soutzos. — Les poésies latines des Francs, des Croisés. — Vers latins de 12 pieds et de 10 ; le *Victimae Paschali laudes.* 48

II. Couplets *farcis :* « Hé, sire Ane ! » — Les *Mystères :* Vierges folles, et la Madeleine. — Buveurs de cervoise. — L'assonance et les *Chansons de geste.* — Les licences chez Homère et chez les Trouvères. — Chérubin et *Chéroubime :* les rimes et les Saints... ... 54

III. Le Cycle carlovingien et M. Littré. — Ménestrels et Symbolistes. — Le *Juif Errant* et Verlaine. — Quatre vers de la *Revue des deux Mondes :* une lesse de la Chanson d'*Antioche.* — L'art « confus » très clair : Robert Wace et *Taillefer ki moult bien cantait.* — Un Ysopet de Marie de France : la Complainte de la Vierge Marie. — Les chansonniers du Moyen Age : rimes fortes, rimes faibles ; alternance. Thibaut de Champagne, Colin Muset. — Ménestrels, renouveau et moutons de Mme Deshoulières 62

IV. Les *bohèmes* d'antan : Rutebeuf, Villon. — Tous les chemins sont frayés. — La lutte de Crétin et de Molinet. — Ronsard. — Classiques à droite, grotesques à gauche ; Scarron. — Le pauvre dix-huitième siècle. — Est-ce V. Hugo ? est-ce Malherbe ? — Molinet, Marot, Crétin ; Musset, Viennet, Banville ; l'art de demain ...   74

CHAPITRE IV.

Nature de la rime. — Sa nécessité. — Vers blancs, vers mesurés. — Avantages et difficultés de la rime. — Panégyristes et ennemis.

I. La rime, écho, aviron, agrafe ;... Sainte-Beuve et Banville. — Mme de Staël s'embrouille. — Définition de la rime. — L'épitaphe du Suisse de Saint-Eustache et une strophe *décadente*. — Le rythme et la rime, « coup d'archet et coup de cloche ». — La rime et l'idée ; *manger* le *berger !* — Le second vers avant le premier. — Les écoliers, les artistes vandales ; la *Grammaire de Port-Royal :* les droits de la rime   82

II. La « musique peinte » ; plaisir de l'oreille et plaisir intellectuel. — Les deux éléments : reconnaissance et surprise. — Trop et trop peu. — La rime à sa place. — M. Jourdain et quatre *vers blancs* de Voltaire. — Les vers blancs : Bonaventure des Périers, Vigenère ; Fontenelle, Trublet, Buffon, Vauvenargues ; les *Incas*. — Les vers *Eumolpiques* et le peu galant Fabre d'Olivet. — Un dernier mot sur les vers blancs...   89

III. — Les vers *mesurés ;* la Pléiade. — Les vers *baïfins* de M. de Baïf. — Ronsard, Sapho, Nicolas Rapin ; de la musique et peu de succès. — Les hexamètres de Turgot ; et les vers *harmonico-rythmiques* de Louis Bonaparte   96

IV. La rime et le « jargon » de France. — La rime et les « imbéciles ». — Le code de M. de Banville : « la rime seule !... et elle suffit » ; le « don de rimer ». — « C'est ça qui » et « Madame Saqui » ; *Fréjus* et *grimper jus...:* fifre et grosse-caisse. — Les cinq articles de M. Brunetière et un *distinguo*. — Union de la rime et de la pensée : chez les anciens, chez les modernes. — Théophile Gautier. — Le travail de la rime chez Boileau et chez Banville : la rime dit *Quifaut*. — La rime et V. Hugo qui ronfle « comme un bœuf »... ... 101

V. Tu viendras ! — Carillon des rimes et inspiration. — Travail en dedans, et en dehors. — Rime cornélienne. — Le mot de la rime. — Les chevilles merveilleuses et les *frères-chapeaux*. — L'art des chevilles ; acrobates de la rime.. 108

VI. La recherche de la rime ; la « gêne » de la rime : travail fécond. — Boileau s'évertue et « sue ». — La difficulté de la rime et les grands poètes. — La rime ! Amédée Pommier en fait tout ce qu'il veut. — Le vin et la rime.. 114

VII. Une « chimère » de Fénelon. — Raisons et paradoxes de Fénelon contre la rime. — Levée de guitares contre la rime ; ses ennemis : Prosateurs et mathématiciens. — « Ongles rongés et front sourcilleux » de la Motte-Houdart. — Les plaintes du « plus indigent des rimeurs » ; Voltaire à genoux devant un Anglais ; Voltaire, front haut, en face de ses confrères. — La *Henriade*. — Verlaine insulte la rime. Coup de pied du rimeur ! — La rime, définie par une princesse.. 118

CHAPITRE V.

Les lois de la rime. — Lois des belles rimes. — La rime riche. — Conditions et qualités de la richesse. — Ses excès.

I. Huit classifications de la rime. — La rime française, jugée par un Allemand. — « Vingt rimes » en 1789. — Identité de son : consonne d'appui, ou *lettre*

Pages

d'appui. — Les rimes riches de Corneille. — La rime riche et le vers romantique. — Plutôt perdre un bras ou une jambe, que marcher sans lettre d'appui !... ... **127**

II. Équivalence des lettres qui suivent la voyelle. — *Algue* et *Vague* de Lamartine ; *tyran* et *différent* de Voltaire; *butord* et *Clamar* de Hugo ; *furibond* et *jambon* de Boileau. — Ronsard et l'orthographe. — *Hasar* de Racine ; *respec* de La Fontaine. — *Je voy', je di, je couvry*,... et tout le XVIIe siècle. — Rimes pour l'oreille : *Pallas* et *pas*, chez Racine ; rimes pour l'œil : *Pallas* et *coutelas*, chez Hugo. — Sommes-nous tous de la Canebière ? **135**

III. Petits mystères des belles rimes. — Mots très semblables comme son, très différents comme sens. — L'auteur des *Racines grecques*.—M. Coppée et le « noble *y* mot du *lys* ». Rimes de rencontre voulue... ... ... **143**

IV. Identité de son, diversité de vocables. — Les écoliers. — Idées fort judicieuses de J. du Bellay et de Malherbe. — *Amarillis* et *Philis*. — Fontenelle à 92 ans **147**

V. Rimes très riches, curieuses, gaies. — 17 exemples de variations sur des airs différents. — Une rime riche à la *Tour Eiffel*. — Le comble des rimes rares. — Pluie de rimes neuves. — Voltaire, chevalier de la triste rime.. ... ... **151**

VI. Identité de son, rareté des syllabes. *Cercle* et *couvercle*. — *Joug* et *Zoug*. — Soixante mots sans rimes. — Une rime à *Turc*, chez Scarron. — Malherbe et les rimes en noms propres. — Boileau, Hugo, Th. Gautier, Leconte de Lisle. — Géographie et histoire pour rire et pour rimer : *Jérimadeth* et *Patyramphus*. — L'armée de Xercès : une armée de gentilshommes italiens ; la science de l'*Ane*. — Quel artiste ! **157**

CHAPITRE VI.

Autres lois et caprices de la rime. — Rime pauvre. — Rime gasconne, flamande, parisienne, chartraine, normande. — Rimes pour l'œil.

Pages

I. Lancelot et les rimes *suffisantes*. — Une rime suffisante de Racine : les modernes se pâment. — Grands poètes et pauvres rimes. — Un secret de La Fontaine : millionnaire, quand il veut. — Même secret chez Racine. — *Ballade à la lune*. — La rime sobre. — Une bonne demi-douzaine de conseils. — Fuyez la rime banale. — M. Viennet. — La rime voltairienne : *contagion, poison*. — La rime de l'abbé Cureau de la Chambre 167

II. Les méchantes rimes. — Les *Licences* et l'orthographe. — Racine se corrige. — *Goethe* et *poète ; chien* et *lien*. — Rimes flamandes : *régner* et *cuisinier*. — Rimes gasconnes : *Garonne* et *trône*. — Racine, M. Coppée, Tobler. — Rime de *pain* et *vin !* — Rimes de Chartres : *Eure* et *verdure ; Ugène* et *Saint-Ustache* 177

III. Rimes pour l'œil. — Nos anciens poètes n'ont jamais rimé pour l'œil. — *François* et *lois :* elle *lisoit* un *exploit !* — Rimes normandes : *enfer* et *triompher*. — Vaugelas, Corneille. — Le renard et le corbeau : *monsieur* et *flatteur :* Hugo lui-même. — Vers léonins et semi-léonins. — Chicaneau, Scudéry, Corneille, Racine, Hugo et le *Crapaud*. — Racine a eu tort : loi des six vers 187

IV. Grimaces d'Apollon. — Rimes en écho : rimes couronnées et empérières ; rimes fratrisées. — Les rimes de Pierre de S. Louis ; et la *Chasse du Burgrave*. — Rimes en calembour : Crétin, Marot, Michaud et Campenon. — Banville et Gautier de Coincy. — Douze syllabes à la rime ; la Tour Magne à Nîmes. — Rime burlesque. — Banville, La Harpe, Hugo, Scarron. — Les muses « musiciennes à castagnettes ». 199

Pages

V. A quoi sert un dictionnaire de rimes ? — Ils en ont tous ! — Le chanoine janséniste Goujet ; une ânerie de Voltaire. — Dithyrambe en l'honneur de Napoléon Landais 207

CHAPITRE VII.

Derniers caprices de la rime. — Rime burlesque et funambulesque. — Dictionnaires de rimes. — Rimes masculines et féminines.

I. Rimes masculines et féminines. — Histoire de l'alternance. — Un peu de musique. Les idées de la Pléiade ; Quinault. — Vers français déclamés par un Visigoth. — Une grosse erreur du savant Littré. — *Fer* et *faire* chez Racine. — Notre *e* muet, jugé par nos Anciens.. 212

II. L.' « entreveschure » de Pasquier. — Les jeunes chercheurs de moules : foin des prosodies ! — Les merveilles de Verlaine et les oreilles de ces petits messieurs. 218

III. Les règles de l'alternance. — Rimes plates, croisées, redoublées, mêlées. — Les rimes de Ver-Vert ; le carillon des fables. — Les décadents et *Surlababi, Mirlababo !* Pauvres gens 222

IV. Vieux conseils. — Vers antiques.. 225

FIN.

Imprimé par Desclée, De Brouwer et Cie.

www.ingramcontent.com/pod-product-compliance
Lightning Source LLC
Chambersburg PA
CBHW060131170426
43198CB00010B/1119